度母法相

綠度母

第一幅唐卡的畫面極為富饒華麗，本尊的服裝、首飾及背後的光環，線條皆十分細緻，並鑲上了金寶飾物和蓮花。

背景方面——協調的青綠色花卉，典型的度母唐卡——光鮮亮麗的色彩增添了活潑生動，景色變化多端：有清澈的湖泊、陡峭的山岩、青翠的山陵、森林及瀑布、積雪的山峰。

在唐卡的底部放置了一些傳統供品。其中五種供品分別可以看出其代表的感官：明鏡——視覺、鈸——聽覺、焚香——嗅覺、一籃素果——味覺、絲巾——觸覺。另外還有「七寶」：象牙、國王耳飾、王后耳飾、八枝珊瑚樹、犀牛角、交疊寶石和三眼寶石。整體以堆疊的多彩寶物構成。

另外兩幅唐卡也採用相同的象徵手法，僅在畫面呈現上稍微單純些。

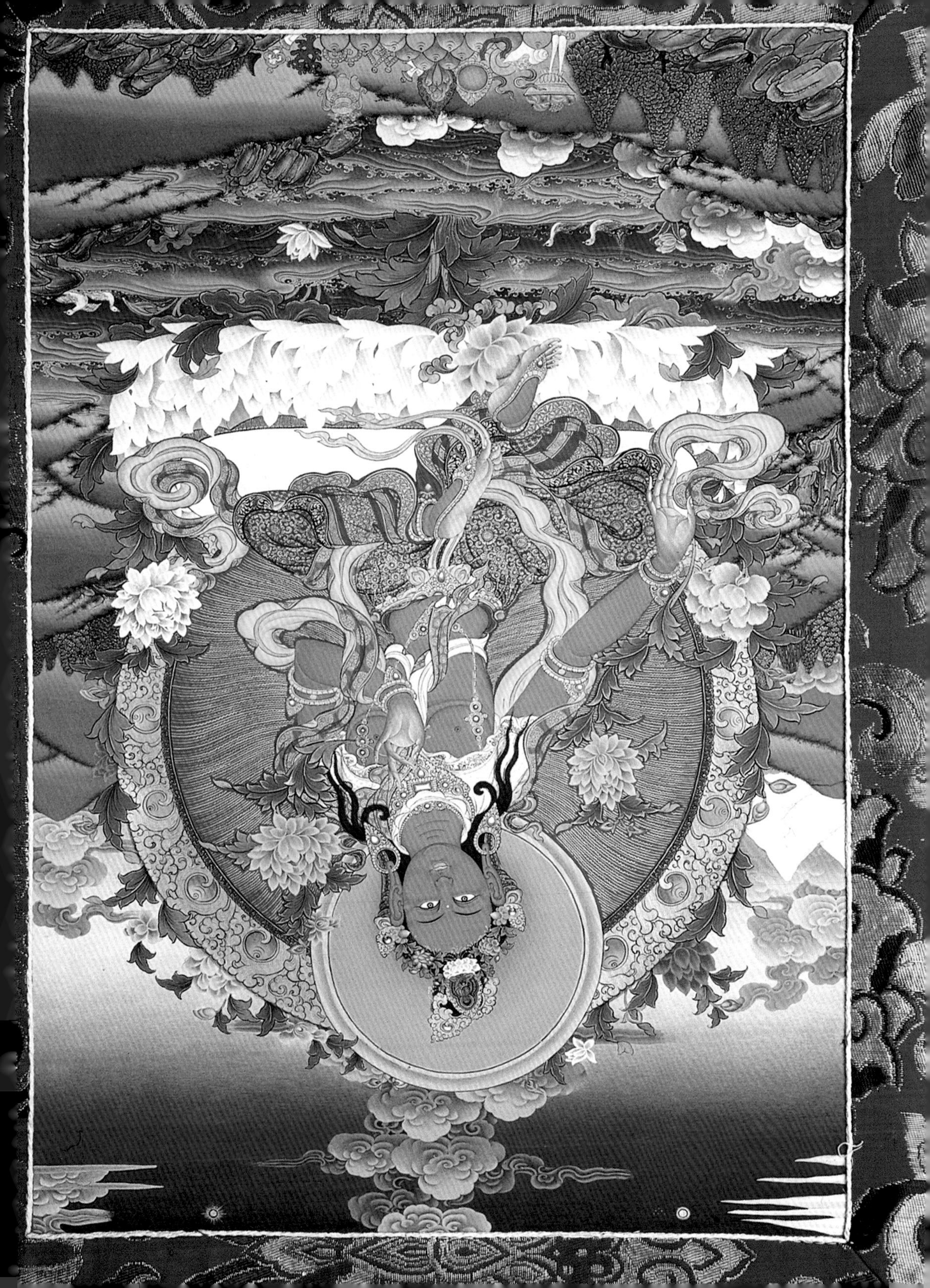

白度母

這三幅白度母畫像的呈現方式十分迥異，在突顯的方式上有非常強烈的不同：分別表現在裝飾的多寡或畫面豐富感。

可以簡單辨識出其與綠度母不同的特徵：雙腿交纏的結金剛跏趺姿勢及七眼（臉上三眼、雙手掌心各一眼、雙腳掌心各一眼）。

二十一度母

現存好幾種二十一度母法相的傳承，其中兩種來自印度，分別是蘇雅笈多的傳承，以及龍樹菩薩與阿底峽的傳承。另一種則來自西藏寧瑪派。

此處採用蘇雅笈多傳承的度母法相，視覺方面最饒富趣味：每一本尊在色彩、手臂、臉的數目、姿勢及手持聖物各方面皆有所區別。其他傳承的度母法相則僅在顏色及蓮花台上的象徵物有所不同。繪製者遵循蘇雅笈多傳承，每尊法相分別繪製一張唐卡，其他傳承則通常將二十一度母全部集中在一張唐卡上。

另有一些值得注意的相異處：蘇雅笈多的傳承不同於其他傳承，將「綠度母」列入二十一度母之中，位於唐卡的中央，其他二十度母則圍繞在其周邊。（編註：此處二十一度母之名稱採安藏所譯《聖救度佛母二十一種禮讚經》之譯法。另外，蘇雅笈多傳承之唐卡缺「三寶嚴印母」）

救度速勇母

རབ་ཏུ་དཔའ་བའི་སྒྲོལ་མ་

梵 Pravira Tara
藏 Rabtu Pawai Drolma

八臂，二手於頭上交叉結大樂印、持金剛鈴杵。其餘右手各持箭、法輪、劍。其餘左手各持弓、槍（時為海螺）、繩。

百秋朗月母

ཟླ་མདངས་ཀྱི་སྒྲོལ་མ་

梵 Chandrakanti Tara
藏 Dadang Kyi Drolma

三面象徵佛的三身：右面藍、中面白、左面金色。十二隻手臂象徵十二因緣。右手各持花鬘、金剛杵、三重珍寶、輪、三叉戟（時為卡杖嘎）。左手各持經典、寶瓶、鈴、環（時為蓮花）、瓶。兩腿間的雙手結禪定印。

紫磨金色母

གསེར་མདོག་ཅན་གྱི་སྒྲོལ་མ་

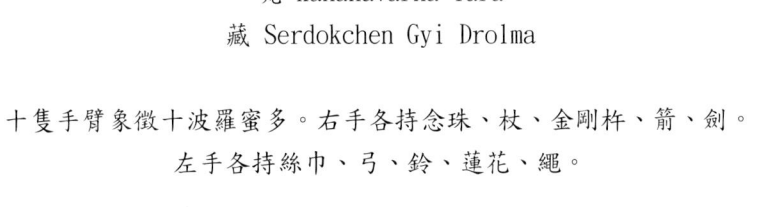

梵 Kanakavarna Tara

藏 Serdokchen Gyi Drolma

十隻手臂象徵十波羅蜜多。右手各持念珠、杖、金剛杵、箭、劍。

左手各持絲巾、弓、鈴、蓮花、繩。

如來頂髻母

གཙུག་ཏོར་རྣམ་པར་རྒྱལ་བའི་སྒྲོལ་མ་

梵 Ushnishavijaya Tara

藏 Tsuktor Nampar Gyalwai Drolma

四臂，右手各持念珠、結布施印。左手各持權杖及杖。

怛囉吽字母

ཧཱུྃ་སྒྲ་སྒྲོག་པའི་སྒྲོལ་མ

梵 Humsvara - nadini Tara
藏 Humdradrokpai Drolma

二臂，右手結勝施印，左手結三寶印，持蓮花。

釋梵火天母

འཇིག་རྟེན་གསུམ་ལས་རྣམ་པར་རྒྱལ་བའི་སྒྲོལ་མ་

梵 Trailokya - vijaya Tara
藏 Jikten Sum Lai Nampar Gyalwai Drolma

四臂，右手各持劍、金剛杵。左手各持繩、結奇剋印（威嚇印）。

特囉胝發母

རྒོལ་བ་འཇོམས་པའི་སྒྲོལ་མ་

梵 Vadi - pramardaka Tara
藏 Golwa Jompai Drolma

忿怒相，四臂，右手各持劍、法輪，左手各結奇剋印、持繩。

都哩大緊母

དབང་མཆོག་སྟེར་བའི་སྒྲོལ་མ་

梵 Vashitottamada Tara
藏 Wangchok Terwai Drolma

法座為海獸瑪卡拉，四臂，右手各持無憂樹樹枝、珍寶，左手各持瓶、蓮花。

威德歡悅母

མྱ་ངན་སེལ་བའི་སྒྲོལ་མ་

梵 Shoka - vinodana Tara
藏 Nya-ngen Selwai Drolma

四臂，前二手於頭頂上結歡喜印，另一隻右手持劍，
另一隻左手持無憂樹樹枝。

守護眾地母

འགྲོ་བ་འགུགས་པའི་སྒྲོལ་མ

梵 Jagadvashi Tara
藏 Drowa Gukpai Drolma

二臂，雙手各持鉤及繩。有時為雙手持鉤，以勾召眾生。

頂冠月相母

བཀྲ་ཤིས་སྣང་བའི་སྒྲོལ་མ་

梵 Mangalaloka Tara
藏 Trashi Nangwai Drolma

八臂，右手持劍、金剛杵、鉤、三叉戟。左手持瓶、珍寶、杖、鉤。

如盡劫火母

ཡོངས་སུ་སྨིན་པར་མཛད་པའི་སྒྲོལ་མ་

梵 Paripachaka Tara
藏 Yongsu Minparzepai Drolma

四臂，右手持劍與箭，左手持法輪與弓。

手按大地母
ཁྲོ་གཉེར་གཡོ་བའི་སྒྲོལ་མ་

梵 Bhrikuti Tara
藏 Thronyer Yowai Drolma

三面，四臂。右手持劍、鉤。左手持繩、三顱器。有時為六臂，持杖及法輪。

安隱柔善母

ཞི་བ་ཆེན་མོའི་སྒྲོལ་མ

梵 Mahashanti Tara
藏 Shiva Chenmoi Drolma

六臂，右手持念珠、布施印、杖。左手持蓮花、瓶，蓮上置一經典，有時為一盛滿水果的杯。

普遍極喜母

ཆགས་པ་འཇོམས་པའི་སྒྲོལ་མ་

梵 Raga - nisudana Tara
藏 Chakpa Jompai Drolma

二臂，右手持三叉戟，左手持樹枝。

都哩巴帝母
སྒྲོལ་མ་བདེ་སྒྲུབ་མ་

梵 Sukha - sadhana Tara
藏 Drolma Dedrupma

二臂，雙手持一月輪。

薩囉天海母

སྒྲོལ་མ་རྣམ་རྒྱལ་མ་

梵 Vijaya Tara
藏 Dromla Namgyalma

四臂，前二手持一鉤於頭頂上交叉結歡喜印，另一隻右手結布施印，另一隻左手則持蓮花，其上有經典。有時以鵝為法座。

諸天集會母

སྒྲོལ་མ་སྡུག་བསྔལ་བསྲེགས་མ་

梵 Duhkha - dahana Tara
藏 Drolma Dugngal Sekma

二臂，雙手持三角法源，象徵火，並持一竄出火源的杯。

日月廣圓母

སྒྲོལ་མ་དངོས་གྲུབ་འབྱུང་མ་

梵 Siddhi - sambhava Tara
藏 Drolma Ngodrup Jungma

二臂，雙手合持一瓶，裝有各種成就（神通力與得證心性的悉地）。

具三眞實母

སྒྲོལ་མ་ཡོངས་རྫོགས་བྱེད་མ་

梵 Paripurana Tara
藏 Drolma Yongzok Jema

二臂，右手結守護印並持三叉戟，左手持念珠。有時以公牛為法座。

阿彌陀佛

འོད་དཔག་མེད་

梵 Amitabha
藏 Eupamé

阿彌陀佛是度母所屬佛部（蓮花部）的主尊，因此列位於唐卡中最上方。相傳度母生於阿彌陀佛的眼淚，另一說法為出自觀世音菩薩的心或眼。

輪迴與涅槃的自性乃是淨光。
聖上師顯現身為淨光的樣貌。
願修持大手印淨光的具福者，
在覺悟淨光的心中成就佛果。

～波卡仁波切

目次

CONTENTS

簡介

1 另類的思考方式

這是一本關於度母（梵 Tara）及與其內涵的書，全書以西藏的思考觀點取代西方的學術觀點來做探討。因此，西方讀者若想了解本書的內容，就得多下點功夫。

人類的歷史觀點和透過科學所闡釋的世界實相，是以我們人類的慣性思考為出發點，而這種慣性思考對人類感官或理性無法解釋的事情，則避而不談。有別於此，傳統的西藏思維則是觸及更廣大的心靈世界。根據藏人的想法，感官和智力的理解或許有些價值，卻顯得狹隘，無法充分描繪真正的實相。數千年的人類歷史在無盡的時間洪流中，不過有如剎那。「地球」在廣大無垠的宇宙中，只是有如塵沙。我們眼中所見的眾生——人類與動物——僅僅是所有可能存在眾生的一小部分。我們不經思考所認為的傳奇或神話，西藏人則認為真實存在。對於傳統的西藏人來說，歷史角度的現實與神話角度的現實並不相衝突，而是彼此交織而巧妙地互補。

那麼，西方人的眼見為憑，與西藏人的眼不見而信，何者才對？這場辯論可能永無止盡，我們在此並不加入。對於不熟悉藏式思維的讀者來說，本書對事物的呈現方式必然讓他們大為吃驚、且可能感到沮喪。無疑地，他們會覺得這完全是神遊於與他們沒什麼直接關聯的神話或童話故事裡。

然而，如果讀者試著擴大心靈視野，則絕不會空手而回；讀者不僅能了解另一種思維的運作，還能進入更廣大、更多采多姿、更神秘的世界。畢竟，誰知道真正的實相在哪裡？

2 波卡仁波切與度母的因緣

波卡仁波切（Bokar Rinpoche）對度母有著極深的信念。第一世的波卡仁波切曾在他駐錫於西藏的寺院中，將一座聖殿獻予度母。其後，第二世的波卡仁波切則在印度米麗（Mirik）的新寺院裡，建造一座度母殿，稱為「卓康」（藏 Drolkhang）。

第二世波卡仁波切大部分時間都待在這座度母殿。他的法座後方掛著一幅白度母的堆金唐卡[01]，兩側則掛著其他的長壽本尊唐卡，例如長壽佛（梵 Amitayus、藏 Tsepame）和佛頂尊勝佛母（梵 Ushnishavijaya、藏 Namgyalma）。法座對面的牆上，有一幅來自西藏的綠度母絲繡畫。度母殿的主軸，為波卡仁波切左側（訪客右側）的度母壇城，規模相當大而莊嚴，當中供奉著多層的度母像。正中央的度母像約人身大小，裝飾著精緻的珍寶。波卡仁波切在這尊度母的心間，放了一尊由他的上一世所留下的小型度母像。這尊度母像是從天空落下的隕石，而非由人工雕刻，因此常為人所津津樂道。它應該可以追溯到一千五百年前的古那爛陀

01 譯註：藏傳佛教中一種獨特的捲軸畫，西藏佛寺中乃至於一般藏人家中均會供奉這類佛像。

佛學院時期，那是佛教在印度的全盛時期。當時那爛陀大學中有數以千計的僧侶在研讀佛法。波卡仁波切在參觀印度那爛陀及鹿野苑（Sarnath）兩地的博物館時，注意到上述時期的佛像作品與他的小度母像非常相近。

第二世波卡仁波切和所有西藏喇嘛一樣，隨身都會攜帶一個「嘎屋」，裡面裝臟的是仁波切極為珍藏的一尊十八世紀度母像。這尊度母像是第十一世大司徒仁波切（Situ Rinpoche，或稱泰錫度仁波切）贈予第一世波卡仁波切的禮物。司徒仁波切是一位偉大的上師，往昔駐錫於康地的八蚌寺。波卡仁波切到外地旅行時必定隨身攜帶這個聖物盒，而他也經常一邊念誦度母讚頌文，一邊用這個聖物盒來為信眾加持。

再者，於最近建造的閉關中心，波卡仁波切也特別設置了一座度母殿，裡面安置了許多莊嚴的度母塑像。

波卡仁波切在談及度母的時候，絕非僅止於智識上的解說。他把自己與度母之間的甚深因緣保留在內心最深之處，並且自然流露出對度母的敬愛。

3 本書的緣起

第二世波卡仁波切在一九九〇年應弟子之請，出版了一本關於觀世音菩薩的開示。這本書後來證明確實有其價值，因為它不僅加深讀者對這位本尊的了解，也讓讀者對金剛乘的基礎有所了解。由於波卡仁波切見到這本書的功德利益，於是希望能出版一本關於度母的開示。

在一九九六年秋季，波卡仁波切於印度米麗克住了一段時間，並在幾次的聚會中以藏語完成相關的授課。故而本書的某些部分，也保留了原來開示中的問答形式。

儘管從仁波切的講授到弟子們的謄寫成書，以及在翻譯過程中的難免疏失及未臻完美之處，仍願讀者們能透過本書感受到些許度母的光彩！

～卻吉．森給（Chöky Senge）

第一章　聖救度母

傳入藏地的佛教中，包含許多與續法相關的本尊，度母是其中之一。藏人自幼熏習於本尊的世界，甚少質疑其自性。他們自然而然地接受這些面孔熟悉的本尊，並修持本尊相關的儀軌與禪修。

然而，西方人對本尊的世界全然陌生。在他們的文化裡，似乎沒有對等的事物可供了解，這使西方人有許多疑問。在嘗試定義度母是誰之前，先對本尊在究竟層次上的本質與在相對層次上的化現有所了解，應會有所助益。

1 究竟與相對的遊戲

在一般人的想像中，本尊是住在另一個遙遠國度、時而現身救人且實質上比我們更為超勝者。即使本尊的化現或許給人這種印象，但事實並非如此。

事實上，如果我們能夠證得自心本性[02]，本尊其實無異於我們的心。但由於在尚未證得自心

02 心的本性是指心的本然面貌，真正超越個人對自我認定的心理遮障。證得自心本性是指以個人的直接經驗發現（現證）心的本然面貌，並穩定地安住於此本性之中。

本性之前，仍有「自」、「他」二元對立，那麼本尊便在這二元對立的遊戲中，呈現為「我」和「本尊」兩者之間的關係。

假設我們夢見本尊，我們很肯定夢中有「本尊」的個別存在，還有那個見到本尊、感到歡喜與虔敬的「我」的實際存在。但事實上，感覺有本尊的「人」和「本尊」都是從同一個難以言諭的本質——「心」的本身——所顯現。同樣的，對於生活在相對層次中的人來說，本尊在相對層次的顯現，並未離於其本質，亦即無異於「心」的本質。

為了解本尊的真正自性，我們必須不斷提醒自己，實相（reality）有兩種層次：

- 其一為勝義諦（究竟真理），超越主體與客體、自己與他人的想法，超越概念和文字，真理恆時呈現，且永遠為「真」，但一般凡夫卻無法體會。
- 其二為世俗諦（相對真理），其本質為「假」，但對經驗到相對真理的人們來說卻為「真」，而這種「真」是立基於主體和客體、「自我」和「他人」的謬誤概念。

從凡夫的觀點來看，有「我」、有「本尊」；從本尊的觀點來看，既無自、他，也無主、客。這並不表示沒有本尊的化現，而是這種化現並無二元對立的性質，無邊無際，無中心與邊際可言。

自心本性即是心的本然自性，毫無任何的心理造作，離於一切的錯誤與幻妄，也無主體或客體。

為何我們說心的本性為「聖」？這是因為心的本性並無痛苦，不受任何干擾，且為更超勝的大樂。這種快樂不同於我們在世俗中所體驗的快樂，並非依於客體或自他關係所產生的暫時快樂，而是心自身本具的快樂，離於一切分別。它不因任何恐懼或痛苦而轉變，這種真正而不變的快樂本身，即是本尊。

2 善巧方便與實相

如同上述，本尊在相對的層次就如我們所見有各種的形相與顏色，並有各種不同的特徵與裝飾。

雖然以我們的觀點來看，本尊不存在於究竟層次，但其實他們與究竟實相是不分離的。從功德利益面來說，由於本尊的自性，修習本尊法最終可證得究竟的本尊，也就是證得自心本性。根據這個道理，本尊法便是一種善巧方便。不過，這並非指本尊法只是個巧妙的辦法而已。

就實相而言，本尊即是所謂的「受用身」（報身，梵 Sambhogakaya）[03]，換言之，是一種極精微的顯現層次。「受用身」與「法身」（實相身，梵 Dharmakaya）不相分離，

03 梵 Sambhogakaya 譯為報身、受用身、樂受身等，是指覺者（佛陀）在光的層次的清淨顯現，而非是物質層次上的樣貌。有關其他佛身的說明，請見註腳22。

後者乃超越化現、無異於究竟本尊的覺悟心。受用身是法身的動態顯現，與其本源從來未曾分離。本尊與心的究竟本質相連，不僅透過本尊可證得心的究竟本質，且本尊的自性原本就是心的究竟本質。

從證悟道的觀點來看，由於我們二元對立的想法，本尊看似存於心外，為諸佛的一種顯現，來幫助我們在修道上向前邁進。

若從佛果的角度來看，也就是當我們完全證得自心本性時，本尊不再被視為存於心外，而是法身的化現，超越了二元之見，超越任何「自」與「他」的想法，後者也就是我們自心所相融的那個「法身」。

3 趨近報身

以度母為例，當我們修持度母儀軌時，必須努力觀想祂的形相：身色為綠、雙手結印、特定坐姿、種種特徵等。就某個角度而言，度母其實是由心所造的想像，而至少從某部分來說，我們被困在一邊有「我」而另一邊有「度母」的想法裡。上述心的想像並非沒有作用：由於這是報身的映射，因此與報身建立了關係，讓我們更接近報身。

一旦究竟證悟時，雖然一樣是度母，但已不再是心理作用的結果。度母的形相並不消失，而是展露為法身的自然顯現，也就是沒有主、客之分的心的明性。

我們所想像的本尊，與覺者之心於實相中所見的度母，也有所不同。

此外，還有一種說法認為，報身並非為利益覺者，而是為利益眾生。從我們的觀點來看，這是真實的；但從覺者的角度來說，則無自、他可言。覺者並不認為必得示現受用身或必得幫助眾生。如同我們所知，報身是法身的自然顯現，其事業自然任運達成，不需特別發願或造作，且其顯現本身也沒有實相之念。同時，也沒有要去度眾的「我」，以及要被救度的「他」。

本尊一開始或許會顯現為於心之外，其後則展露為心性本具而無內外之分的顯現，這似乎難以理解。困難之處來自於我們的二元之見。對我們而言，有「自我」或他人，外在或內在。如果無法想像世界可以是另一個樣子，我們就不能真正了解其重點何在。只有在證得自心本性時，我們才能對實相有直接的體驗。

問：佛的法身本質為空性且從不間斷，請問由清淨心的明性所顯現的受用身，是恆常化現還是有所間斷？

仁波切答：我們不可將空性和明性看成是兩個分離的主體，這兩者沒有分別。空性每一刻都與明性相連，這兩者只是描述同一個獨特實相的方式。因此，受用身的化現不可能間斷，而這也是報身被說為「恆常」的原因。

問：受用身以極為不同的方式，顯現為我們所見的各種不同的本尊形相，這種多樣性是必要的嗎？

仁波切答：一方面來說，這種多樣性是由於萬事萬物的自性如此。本尊有各種不同形相，是因為本質如此。覺者或心的明性可以有無數無量的化顯，這說明了受用身為何有無數的形相。沒有任何事物可以限制受用身的化顯。因此，受用身也稱為「種種色身」，任何形相都是可能的。受用身可以變化出所有的色彩、一切的裝飾，和任何的特徵。此外，一般凡夫之身所受的限制，對受用身來說並非如此。受用身的手不僅可以觸摸物體，還能看見、聽聞、嚐味、思考等等，而受用身的其他部分也是一樣。

另一方面，從修行的角度來看，受用身的無量變化是一種有效的善巧方便，可以對治我們相信「我所覺知即為現象之實相」的強烈習氣。受用身相的多樣性，有助於讓我們知道，受用身的真實面貌遠遠超出我們的理解。如果本尊只有一個，受用身只有一個形相，這會導致我們毫不懷疑、不知不覺認為本尊的境界與我們的凡俗境界雷同。我們認為人是受到身體制約的主體，而我們很可能也認為本尊亦然。因此，受用身相的多樣性，以及知道這所有形相都是獨特心性——法身——的各種不同顯現，能幫助我們不致落入錯誤的認知中。

4 由凡夫成就本尊

我們已經說過，圓滿的覺者如佛陀，為了利益眾生，自然而無作意地化現出種種顯現，稱為受用身，而這些清淨層次的顯現一般來說是凡夫難以觸及的。這些形相可以有許多變化：男性、女性、寂靜、忿怒，並以各種方式顯現。這些本尊是從諸佛的慈悲事業直接化現而來。現為女性的本尊，即稱為母尊。

不過，從相對的角度來看，有些本尊被認為是從人道上修成為聖眾。這些走上成佛之道的凡夫，不論男女，在淨除凡俗狀態的一切不淨之後，於自身中得見覺悟功德的開展，他們達到聖境，因而稱為「聖眾」或男女本尊。

至少從世俗諦的角度來看，度母可被視為從凡夫而成就的本尊。我們在後面會提到，度母在成就之前本是個平凡之人，歷經修道的各種修行次第而終於證果，成為女性本尊。

問：父尊是否多代表方便、亦即慈悲，也就是較為動態的佛行事業，而母尊則代表「智慧」這靜態的面向？

仁波切答：若從象徵的層次來看，就某方面而言，答案的確如此。事實上，這些象徵其實是符合我們自己的知覺習性。由於我們認為人是分為男女兩種性別，所以本尊也呈現為男性和女性的形相，各自有特定的特徵。但如果從受用身的實相來看，方便和智慧與本尊的本質向來是合一的，兩者並沒有分別。

問：本尊在藏語中稱為「依當」（Yidam），意義為何？

仁波切答：「依當」是個專用詞彙，指的是依本尊而修持。這是指相應於我們的希望、祈願，與我們有緣的本尊。

問：這是否表示每個人都必須選擇自己的本尊、或是要由上師為弟子指定特定的本尊呢？

仁波切答：大部分的情況並非如此。在實相上，所有本尊都有相同的作用，而且我們並不確定自己是否與某一本尊有著特別的因緣。不過，我們可以說因為業緣的關係，讓我們遇到藏傳佛教中某個特定的偉大傳承。同樣的業緣，也會讓我們安住在某個修道中，而受指引來修持特定的本尊，而不修持其他本尊。

噶舉派（或稱噶居派、白教）的修行者會修持三位偉大的本尊：金剛亥母（梵 Vajravarahi，藏 Dorje Palmo）、勝樂輪金剛（梵 Chakrasamvara，藏 Korlo Demchok，或稱上樂金剛、勝樂金剛）、以及大悲勝海紅觀音（梵 Gyalwa Gyamtso，藏 Jinasagara）。格魯派（黃教）則修持密集金剛（梵 Guhyasamaja，藏 Sangwa Dupa）以及大威德金剛（梵 Yamantaka），而薩迦派修持喜金剛（梵 Hevajra，藏 Kyepa Dorje）等。

不過，可能有人會特別想修持某個本尊。在這種情況下，這個人可能會不分教派而來修持這位本尊。也有一種不尋常的情況，就是由上師觀到特別的因緣，而指示弟子要特別修持某個本尊。

像畢瓦巴（Birwapa）[04]即是如此，他一開始是修勝樂輪金剛。過了一段時間之後，由於他有個非常不祥的惡夢而想放棄所有修持。後來，有人要他修喜金剛，他因此修持而迅速得證。這並不表示勝樂輪金剛是不好的本尊法，而是畢瓦巴過去世與勝樂輪金剛的因緣淺薄，但卻早已精通喜金剛法，因此後者能讓他更快展現成果。因此當時他有必要停修勝樂輪金剛法而改修喜金剛法。但一般而言，行者與本尊的緣分並不是那麼明顯。

問：在您提到的本尊中並未說到度母，請問度母在藏傳佛教中的地位如何？

仁波切答：度母（梵 Tara，藏 Drolma）就像文殊菩薩（梵 Manjushri，藏 Jampalyang）與觀世音（梵 Avalokiteshvara，藏 Chenrezig）一樣，是所有教派共通的本尊，也是所有藏人共同信仰的本尊。

問：是否男性適合修持父尊，而女性適合修持母尊？

仁波切答：並不必然。男性大可修持母尊法，反之亦然。

5　究竟的度母

我們對本尊的討論也適用於度母。度母和其他本尊一樣，可以從世俗諦與勝義諦這兩種不同的觀點來看。世俗諦符合我們凡俗的思考模式，而勝義諦則超越這種觀點。度母的這兩種身份彼此不相矛盾：因為兩者並不互相駁斥。

04　譯註：即是毗魯巴（Virupa），印度大成就者，根據《喜金剛續》傳下了道果教授。

從究竟的觀點來看，由於度母自性本身為證悟的本尊，因此與我們的自心本性並無差別。讓我們來釐清心的本性是什麼。心的本性超越任何概念，超越任何意念的造作，也超越「存在／不存在、無／有、物質／非物質」……等等的想法。

超越概念並不表示空無。心的本性就是覺性本身的範疇、清淨覺性的經驗本身。任何的智識、理性和語言，都無法執取或描述它。然而，心的本性每一刻都在，且不容否認。

這個覺性是眾所本具的，超越任何意念的造作，而究竟的度母也是如此。

究竟的度母，或說法性度母，也可用其他字眼來形容，最有名的稱呼就是「般若波羅蜜多」（梵 Prajnaparamita），意思是智慧圓滿。

圓滿智慧並無任何的形相，乃是法身的空性。但是，這個空性如我們先前所解釋，具有能夠顯現為清淨的受用身的能力。度母、金剛亥母以及許多其他的女性本尊，就是在受用身層次上的顯現。就本質而言，所有這些女性本尊的本質，即是圓滿智慧，或我們的自心本性。

度母也稱為「諸佛之母」，這也是指度母的體性或本質。自心本性、圓滿智慧、空性這些詞彙雖然不同，但其實意義相等。過去一切諸佛都是因為證悟空性（或證悟自心本性）而證得佛果。這對現在佛以及未來佛而言，也都一樣。因此度母，這超越時間、空間、所有概念的度母，就是諸佛之母。

6 成就本尊的女性

如前所述，度母在究竟層次上的顯現，與她在相對層次上的顯現，兩者看來或不相符，但彼此並不衝突。

多羅那他（Taranatha）[05]是十六世紀證量極高的學者與上師，根據他所傳授的世俗諦傳說，度母在成就本尊以前，原本是世間的一名平凡女子。在無量劫前的種光（Multicolored Light）世界，當時是鼓音如來（Drum Sound Buddha）住世的時代，有一位國王的女兒名叫般若月（Wisdom Moon，又稱智慧月），她對這位佛陀有著強烈的信心與虔誠，多年來一直對佛陀及隨行的僧團做廣大的供養。

有一天，公主決定在鼓音如來前受菩薩戒，發誓要證得佛果，以無量的方式廣度眾生。僧眾們都非常歡喜，並認為公主必定會因而積聚極大的福德。他們建議公主應祈求來世投胎為男子，如此相較於女子身，更能利益眾生並宣揚佛法。

公主對於這種狹隘的想法感到沮喪，並從所有事物究竟本質的觀點來答覆他們：

此處無男亦無女，無我無人亦無類，
男女之名皆假稱，世間邪見妄所生。

05 有關多羅那他的故事，請參閱第四章第三節「禮讚文的出處」。多羅那他是一位證悟的偉大學者。

她又說：「從來，以男身修行佛道者眾，以女身修行佛道者稀。故而我今發願，直至輪迴盡空，皆以女身度化一切眾生。」她經由精勤修持而終於證得勝義諦，成就本尊之後，每日度化百萬以計的眾生，讓他們踏上覺悟之道。

她因恆時安住於救度眾生出離輪迴的禪定境界，因此又稱為「救度母」或「多羅[06]」。據說度母每日早晨即救度無量眾生出離苦海，午後又救度無量眾生解脫輪迴。

在不空成就如來住世的「最勝」劫（Perfect Victory），這是另一個宇宙時空，度母入於保護眾生免於危險、恐懼、惡魔的「滅一切魔軍」禪定中，只要聽聞眾生呼喚名號，立即隨聲救度而利益無量，由於行動迅速，又稱為「速勇母」。

其後，在「無始」劫中有一名叫「無垢」的僧人，他得到諸佛心意的悲心灌頂，而成就本尊「觀世音菩薩」，五佛部的方佛也賜予他特別的灌頂。此時，從他的心中出現度母，成就該劫諸佛利益眾生的願望與事業。（有些則認為度母是從觀世音菩薩的淚珠所化現。）由於這個緣故，度母也稱為是「世間至尊者之女」，也就是觀世音菩薩的女兒。

在多劫之中，度母這位「世間至尊者之速勇女」，不斷以各種不同的化現和特別的禪定力，成就各種不同的事業，一直利益著眾生。以上就是度母的化身故事。

問：一般認為本尊有各自的淨土，且居住於各自的淨土中。請問度母的淨土如何稱呼？

仁波切答：度母和觀音一樣居住於普陀拉淨土，在我們世間的化現是位於南印度的一座山。不過，度母也有自己的淨土，是個特定的地方，叫做「璁葉莊嚴剎土」[07]（Harmony of Turquoise Leaves）。

7 度母保護免於恐懼

由於菩薩對沉溺苦海的眾生具有無量的悲心，因此各自依其願力而行使事業，圓滿各自的發願。如是，度母的主要事業就是讓眾生遠離恐懼與危險。

恐懼是什麼？度母如何幫助眾生面對恐懼？我們現在就來一起了解。

在我們的生活中，會面對兩種恐懼：

- 一者，恐懼得不到所想要的人、事、物。
- 二者，恐懼無法免於危險、威脅或痛苦的情況。

由於第一或第二個原因，我們經常發現自己身處從擔憂到驚恐、不同程度的恐懼之中。

06 譯註：中國古代稱綠度母菩薩為「多羅菩薩」、「多羅觀音」。

07 藏文羅馬轉寫為 g.yu lo bkod pa'i zhing khams。

度母幫助行者免於漂流巨海、龍魚諸鬼難。

如果仔細觀察，可以發現恐懼的真正起因，其實是自我本身，更正確地說，是我執——對於「我」的執著。這種執著愈重，各種恐懼的情況就會愈多。所有威脅到「我」的事情，不論什麼情況，都會引起恐懼。所有「我」可能失去的事物，都會引起恐懼。「恐懼」與相信真實有「我」的想法、「恐懼」與對「我」的執著，兩者之間有著密切的關係。

由於這層深微的關係，導致各種引起恐懼的成因，比如生活中的種種情況；但有時候，恐懼來自於業的習氣。由於業習的關係，恐懼有時看來像是毫無來由地發生，甚或在沒有任何外在事故發生的狀況下，而我們卻處於一種幾乎不斷的憂慮中。

與恐懼感相關的，是想要尋求援助與保護。但是，外在世界通常無法提供任何我們想要的幫助，以致於恐懼可能會變成絕望。

這個世界所無法給我們的，可以從諸佛菩薩所化現的出世間境界得到。特別是，從度母身上可以看見諸佛為眾生免除恐懼與災難的事業。

度母具有幫助眾生的能力，但只有當我們對此具有信心時，才能得到利益。我們必須毫無保留或懷疑、發自內心向她祈願，呼喚她的名號。度母的回應與我們的信心強度有關。若是心中存疑，不太可能得到度母的加持與護佑；而毫無保留的信任與全然完整的信心，則必然得到她的加持與護佑。

實際上，世間一切的現象，都是我們自心的顯現。恐懼、擔憂、危險，也是我們自心的顯現。這就有如在惡夢中所面臨的威脅，和在惡夢中感到被威脅的人，其實都是自心所創。

我們的心有著很強的創造力。這股源自對度母熱切祈請的力量，與度母幫助眾生的無邊願力相結合，形成了對眾生的庇護。由於我們的虔敬心與度母的大悲力這兩個因素，我們因而得到了幫助。

我們必須了解，如果現象本身是有實質的，則不可能會改變。正因為現象的自性為空，它們不過是受到重重制約的凡夫之心所顯，因此可被改變。這說明了我們的祈願為何會有效，以及度母為何會回應。

這也說明了，為何在證得自心本性時，所有的恐懼會同時消失。

8 八種怖畏

依照傳統的說法，度母能保護眾生免於八大恐懼或危險，例如象、獅、蛇、火、水、盜賊、牢獄及非人（鬼神）。在古印度時代，這八種危險顯然是人類最大的挑戰。不過，度母的能力不止於此。只要我們具足信心向她虔誠祈禱，度母可以保護我們免於所有的危險。

對於八種怖畏，有另一種說法。首先，八種怖畏可以指在我們的生活中，身體所可能面臨的不同危險。再則，可以指心中的情緒煩惱，這些是最主要的危險，因為它們可能導致我們去做負面的行為。由於業力因果的關係，這些行為於是成為我們未來一切痛苦的起因。

八種怖畏有以下的對應詮釋：

- 大象之災＝盲目（癡）
- 獅子之災＝傲慢（慢）
- 大火之災＝憤怒（瞋）
- 毒蛇之災＝嫉妒（疑）
- 盜賊之災＝邪見
- 牢獄之災＝貪婪
- 大水之災＝貪愛與執著（貪）
- 非人之災＝懷疑

為了保護眾生免於內在的恐懼，度母也能消除煩惱情緒，這些是我們痛苦的起因，也是我們所受的苦果。

自古以來，有許多度母拯救眾生免於毒蛇、大火、非人侵擾等等的故事。但是，只要向她祈請，度母的救度事業從過去到現在並無絲毫改變。當代也有一些故事可以作為證明。

度母幫助行者免於狂牛、毒蠍之恐懼。

9 度母和牙痛

當卡盧仁波切（Kalu Rinpoche）[08]在西藏康區的八蚌寺時，曾經患了嚴重的牙痛。當時他大約是十七、十八歲。度母在他的夢境中告訴他：「雖然你對我沒有特別的信心，也沒有修持我的法門，不過我可以傳你這個咒語，只要持誦一萬遍，你的牙痛就會好了。」卡盧仁波切於是遵照度母的指示，念完一萬次的咒語，隔天他的牙痛就完全好了。

由於卡盧仁波切在這之前並不重視度母的法門，因此他認為這是由於他與度母在過去世的因緣。從那次牙痛之後，卡盧仁波切對度母便相當虔誠了。

10 度母打贏官司

通過印度大吉嶺的旅人，可能會看到大吉嶺城市最高點的美景飯店（Bellevue Hotel）；這家飯店的負責人是拉罔先生（Mr. Lhawang），這位藏人的母親生前對度母非常虔誠，大家都叫她「阿媽拉」，亦即藏語「媽媽」的意思。

08　卡盧仁波切（一九〇五至一九八九）是波卡仁波切最主要的上師。他前半生住在西藏，後半生住在印度，並在印度大吉嶺（Darjeeling）地區的索納達（Sonada）重建寺院。他在一九八九年於印度索納達圓寂，時年八十五。

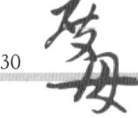

阿媽拉每天都持誦度母的禮讚文，而且每年都對許多寺院廣做供養，贊助他們完成十萬次度母禮讚文的持誦。她對佛法並不精通，但是對度母卻有特別的信心。

阿媽拉的藏人家族在很久以前即移居印度，她的丈夫在英國殖民政府中擔任要職。當印度宣布獨立時，大部分的英國人都決定要迅速離開印度，她丈夫在大吉嶺（Darjeeling）與卡林朋（Kalimpong）的許多英國友人，都將房舍以低價販售給她。因此至今，阿媽拉家族的財富在大吉嶺地區仍然是人人知曉。

後來，房地產的產權發生爭議，鬧上法庭。阿媽拉是受過教育的女性，且本身就是律師，英語的說寫甚至比藏語還流利，必要的時候還能拼寫英文。但是在幾次審判的過程中，阿媽拉更倚重的是度母的護佑，而不是她的生意能力。她開心地承認，在每次法庭開審之前，她都會向度母祈請，因此從來沒有輸過任何官司。

有一場特別的官司，與一家銀行凍結了一筆十萬盧比大金額有關（當時約相當於一萬美金，在印度是一筆大數字）。阿媽拉在加爾各答住了好幾個月，等候開庭。法院宣布判決的前一天，阿媽拉夢到一名年輕女子告訴她：「不用擔心，明天會一切順利。」

隔天，法院不僅判她勝訴，而且因為一項她無法解釋的條例，阿媽拉得到的金額不僅是十萬盧比，而是三十萬盧比！

對她而言，夢中前來寬慰她的年輕女子無疑就是度母，而多領了好幾倍的盧比，也是因為度母的機智。

阿媽拉曾供養索納達寺（Sonada）一尊大型的度母像，周圍有小尊的二十一度母圍繞。這座寺院是卡盧仁波切位於印度大吉嶺附近的道場。這些塑像至今仍保存在寺院中。卡盧仁波切在這些度母像的上方放了一尊蓮師像，但由於阿媽拉對度母有著特殊的虔敬心，於是告訴卡盧仁波切不可以這樣擺設。

連續六年，阿媽拉持續供養索納達兩個閉關中心，包括二十到三十位閉關者的衣食等一切所需，而她自己則曾在寺院山腳下的小屋中閉關三年，日夜精進，向度母祈請。她的禪墊並非正對著壇城，而是與壇城垂直。有一天，她來見堪布[09]和我，要我們趕快到她的關房去。因為她常會講一些無關緊要的話，我們覺得她也許沒什麼重要的事要說，不過還是跟著她去了。她引領我們進門，要我們把門關上，然後說：「你們看看我的壇城！」那壇城發生了一件不尋常的事：原來擺得好好的度母食子，竟然自己慢慢轉向阿媽拉的禪墊。

阿媽拉往生時年事已高，當時她到西班牙馬德里，探望在印度大使館工作的女兒。

09 堪布東由（Khenpo Donyo）是一位偉大的學者及上師，自幼跟隨在波卡仁波切身旁。

阿媽拉的故事當中有許多寓意。她的一生大多貪執於世間的財富與金錢，不斷祈請度母看守甚至增加她所擁有的物質，她的發心既非具有深意，也非為了佈施大眾；她對別人並不體貼，也不在意自己未來的命運。然而由於她對度母的持續虔敬，以及時時刻刻憶念度母，在度母的加持下，她逐漸改變。到了晚年，她值遇卡盧仁波切，而終於依止上師。此後，她不再執著自己的財富，完全轉心向法，並長期閉關。在這之前，她緊緊看守自己的財富，但這之後，她向索納達寺院與閉關中心做了廣大的供養。

這就是度母的加持，讓那些對她具足信心的人能夠超越原來狹隘的願望，而趨於善道。

11　度母讓失散的家庭團圓

住在錫金隆德寺（Rumtek）、年屆五十的堪布究美楚真（Khenpo Gyurme Tsultrim），見證了度母對他家族的護佑。

那是在一九六〇年，西藏康區（西藏東部省分，亦即西康）遭遇法難，當時堪布仍是個小男孩，跟著全家以及其他藏人逃離康區。這是一段艱困的長途跋涉。路上，他們在狹窄的山谷中赫然發現迎面而來的軍隊。由於無路可退，他們只能決死一戰，向前突圍。藏人紛紛吞下隨身的甘露丸，確認所帶的聖物緊繫於身，然後騎著馬衝向士兵，雙方互相開槍射擊，兩軍皆有人中彈身亡。

大約一百人的康巴（西康人）小車隊，有七十人順利脫逃，並在附近的山區重新聚集。堪布和他的父親以及其中一位妹妹也在其中，但他的母親和另一位妹妹卻失散了。堪布的父親和其他一些藏人四處尋找她們，卻無功而返。她們是否遭遇不幸？是否被監禁？沒有人知道。

一年之後，經過重重困難，堪布和他的父親以及妹妹終於逃到印度，取得了難民身份。其後的二十年間，他那還在西藏的母親和妹妹音訊全無，他們因此認為母親和妹妹已經不在人世。

其實，堪布的母親和妹妹被俘虜，帶回康區。由於沒有任何人能保護，她們僅能靠著幫別人做點勞務來餬口。在那時，當地政府嚴禁藏人進行任何的宗教活動，只要被看見口中默念祈請文或持咒，立刻會被刑罰。但是堪布的母親對度母有很大的信心，她盡力秘密的持誦度母的禮讚文和咒語。她在看守牛羊時，會先給那些和她一起去的孩子們一些吃的，並要他們幫忙看守在附近吃草的牛羊。一旦她可以獨處時，就持誦祈願文，謙卑地請求度母找回她失散的丈夫和孩子。而晚上大家睡覺時，她更是加倍地祈請。

經年累月的祈請之後，堪布的母親有一天夢到一位年輕女子告訴她：「別害怕，妳會找到丈夫和孩子。」

又過了很久的時間，到了一九八〇年代初期，當局略微放寬對西藏的枷鎖，並開放邊境讓當年逃離西藏的藏人可以返鄉探親。堪布和他的父親從親戚口中得知，母親和妹妹仍然活著，且住在某個地方。

他們儘速前往西藏，將失散已久的母親和妹妹接回印度。度母聽到了堪布母親的祈請，而夢中年輕女子的預言也實現了。

大約七、八年後，堪布的母親和父親在家人的陪伴下，先後去世。

12 度母保護車隊

那是在一九五八年，我因事必須動身前往噶瑪巴[10]法座所在的拉薩祖普寺（Tsurphu）。我於十三歲到十六歲的期間，曾在那裡讀書。噶瑪巴在我二十歲生日時，要求我回到祖普寺，完成傳統的三年三個月閉關。波卡寺位於祖普寺西方的偏遠高原上，對車隊來說，需要兩個月才能抵達祖普寺。

在拉薩地區，紅糖是稀有的珍貴物品，而西方的游牧民族可在拉達克（Ladakh）邊境，用羊毛和酥油輕易換取到紅糖。我的上一世有個習慣，就是每次拜訪祖普寺時都供養每位僧人一大塊紅糖。那裡的僧人都非常歡喜。因此我自忖應該延續這個傳統，而準備了大批紅糖要隨著車隊運往祖普。

除了這個珍貴的見面禮之外，我們的車隊還滿載許多要送給噶瑪巴的禮物、法會的供品，以及我三年閉關的所需物資。如果不算馬匹，我們全部大約有三十隻騾子、一百隻犛牛，牠們身上的兩側都掛了大背袋，幾乎全是裝著十五大塊的紅糖磚。

在一九五八年，前往拉薩的路上危機重重。我們並不怕軍隊，而是怕康巴盜匪。他們四處流竄，什麼也不幹，就是打劫途中所經的游牧民族營地或車隊，搶走牲畜、馬匹、糧食。我們這一行浩浩蕩蕩，還有許多牲畜和糧食、衣服以及昂貴的物品，無疑是康巴盜匪眼中難見的肥羊！

為了遵照噶瑪巴的指示，不論旅途多麼危險，我們務必前往祖普寺。那麼，還有誰比度母更能保護我們？為了祈請度母保護，我要求寺院裡的僧眾、附近尼師庵的尼師、以及可以前來的在家居士，一起持誦十萬次度母禮讚文。我們共有一百人，花了十天的時間圓滿持誦的次數。

其後，我們就動身出發。旅途上有幾次，我們不得不經過康巴盜匪經常出沒的道路。我們不斷變更路線計畫，因此大部分時間都順利避開他們。在路途上遇到游牧民族時，我們也會警

10　「噶瑪巴」又稱大寶法王，是噶舉派的法王，波卡仁波切亦屬於噶舉派。祖普寺（在中國稱為楚布寺）位於拉薩附近，是噶瑪巴在西藏的駐錫地。

告他們康巴盜匪的蹤跡。游牧民族盡量將財物和牲畜藏在遠處，試圖保住他們，但通常沒什麼用，因為康巴盜匪會用蠻力強迫游牧民族說出藏匿財物和牲畜的地方。我們在和游牧民族的對話當中，得知康巴的馬隊很快就會從東方抵達。

雖然我們事前得到警告，但還是無法避開康巴盜匪。我們的車隊在道路以外的地方紮營，卻仍無法完全藏匿而不被看見。我們從所在的地方可以清楚看見，康巴盜匪正騎著馬匹直奔而來，威脅恐嚇那些警告我們的游牧民族，要他們交出贖金。他們本來必然會看見我們的隊伍。我們有著白色的帳蓬、大批的犛牛、騾子和馬匹，這些只會引起更多的注意。但是，不知何故，他們卻似乎對我們視而不見！我們當然是非常害怕，並且不斷念誦度母的禮讚文，請她保護我們。

我們趁著暗夜繼續前進，最後終於平安抵達目的地，途中未再發生任何危險。

即使是現在，當我回想起前往祖普的這一段路，我都相信是因為度母的加持以及慈悲護佑，我們才能安然走完那段旅程。

13 度母降雪

由於法難造成的混亂，我並未按照原訂計畫留在祖普寺完成三年閉關，而是返回波卡寺並準備逃離西藏。在離開之前，我再度要求大家持誦十萬次的度母禮讚文。

我們循著前往尼泊爾的道路前進，大約有六十人陪伴我，包括僧眾和在家眾，以及馬匹、騾子、犛牛、山羊、綿羊，還有我們所能帶走的所有行李。

我們夜晚紮營，白天趕路。這樣過了三天後，隊伍中有人告訴我前方有軍隊。他們是從逃逸的康巴人口中得知消息，這些康巴人在遇到軍隊後被迫折返，他們還失去很多馬匹和犛牛。我們該怎麼辦？康巴人說的是真的嗎？軍隊會留在原地嗎？我們可以走另一條路，但是這樣會比較安全嗎？

於是，我們修了度母和護法儀軌。其後，我決定用糌巴來卜卦，把各種可能的方法寫在不同的小紙條上，然後捲好，包入麵糰裡做成一個一個相同形狀的糌巴。接著，在修持儀軌的同時，將這些糌巴放在碟子上，用單手拿著並不斷搖晃，直到有一個糌巴掉落到地面，這個糌巴裡的紙條寫的就是答案。我們這次是針對一般應該走的那條路寫了兩個答案：「危險」和「不危險」。包著「危險」紙條的糌巴先掉了出來。

因此，我們選擇了另一條路。這條路比較遠，必須經過一個很高的隘口，但顯然比較安全。我們抵達隘口時，天空開始下起雪來，使得我們舉步艱難。我們幾乎無法前進，也有很多牲畜往生，我們還掉了不少的袋子。儘管如此，我們還是終於度過隘口，最後到了尼泊爾境內有著西藏文化的小王國，稱為穆思當（Mustang）。

其後，我才知道軍隊其實就緊跟在後，我們本來幾乎就要被逮到了，幸好有那一場大雪，才將軍隊阻擋在後。對我們而言，那場雪讓我們吃盡了苦頭。就在我們經過隘口之後，那條路已經無法通行。如果沒有那場雪，或是那場雪下得早一點或晚一些，我們很可能早被軍隊逮捕。

我不得不相信，這場「及時雪」就是度母的加持，是來自我們不斷祈請的度母。

許多藏人認為多虧有度母的保護，他們才能在迫不得已的情況下安然逃出西藏。度母對祈請者的協助，並非只有一兩個例子，而是許多人都曾有過受度母幫助的經驗。

問：度母的事業是保護眾生，其他例如瑪哈嘎拉（Mahakala，又稱大黑天）等護法神也保護眾生。請問祂們之間有何差別？

仁波切答：這兩者的保護，內容略有差異。瑪哈嘎拉與其他護法的主要事業，是為去除修行和佛法事業的各種障礙，包括一切有害於佛法的內、外狀況。度母的保護則是比較屬於個人的，是在生活中的各種困境中護佑我們。

14 證得虹光身的沙希

問：西方人有時會認為某些文化歧異，致使他們修行藏傳佛教比藏人本身困難，尤其是在本尊的修持方面。比如，他們可能認為藏人較西方人更容易得到度母的保護。是否真有此差別？

仁波切答：庫努喇嘛丹增・嘉措（Tenzin Gyatso）是一位博學多聞、人人景仰的喇嘛。他往生時約七十多歲高齡。由於他出生在克什米爾與拉達克之間的庫努地區，所以大家都叫他「庫努喇嘛」。他除了會藏文之外，還懂得梵文，並深入了解所有藏傳佛教與印度教的各派法教。達賴喇嘛尊者就曾向庫努喇嘛學習許多佛法。同時，庫努喇嘛生活簡樸，既無寺院、甚至也無僕人，大半生都待在北印度。他的穿著也像北印度的梵文學者，十分低調。

有一次，庫努喇嘛在菩提迦耶[11]傳法時說了以下的故事。他於四十歲中期時，曾在西藏康區閉關，居住於一棟二層樓的建築中。當時他住一樓，二樓則有一位學佛的西方人，這在當時相當罕見。他們倆同時向一位名叫堪布勝噶（Khenpo Shenga）的寧瑪派上師學法。庫努喇嘛和當地人習慣把那位外國人稱為「沙希」（Sahib），這是印度人對西方人的敬稱。

11　波卡仁波切在米麗的寺院，有兩位僧人曾參加這次傳法，他們根據庫努喇嘛所說，將這個故事告訴波卡仁波切。

這位沙希是誰？他從哪裡來？我不知道庫努喇嘛是否曾精確地回答過這些問題。也許他是在二次世界大戰時從印度逃到康區，也許他原本是個傳教士——那時康區曾有幾位傳教士——後來轉信了藏傳佛教。

有幾天的時間，大家都沒看見這位沙希。最後，終於有人注意到從他的窗戶出現彩虹。庫努喇嘛和其他幾個人很困惑，他們到二樓打開門，然後，當然，在沙希的禪墊上只看見許多彩虹。他們將沙希的衣服拿起來甩一甩，有更多的小彩虹從衣服裡落下，就像下雨一樣！至於沙希本身，只留下指甲和頭髮。

這就是所謂證得「虹光身」，是一種極為殊勝的修行成就，在臨終時將身體化為彩虹。

如果二十世紀的西方沙希可以證得虹光身，那麼修行藏傳佛教就不會受限於文化的阻礙。任何人只要精進努力，即使西方人也必定能有所成就。尤其是，他們可以向度母祈求，而度母必然會聽見。度母的加持是不分國界的。

15 神妙的化現

西藏有許多關於度母的故事，大部分和度母的塑像或唐卡奇蹟式地開口說話有關。

其中最著名的故事之一，是在日喀則（Shigatse）的札什倫布寺（Tashi Lhunpo），關於班禪喇嘛（Panchen Lama）和大殿牆上白度母壁畫的故事。

當某一世的班禪喇嘛圓寂時，寺中僧侶正在為他舉行法會。到了唱誦班禪喇嘛的讚頌文時，由於必須反覆念誦班禪喇嘛的聖號，然而僧眾由於哀傷哽咽而發不出聲音。據說在這時，壁畫上的度母開口了，她幫僧眾們發聲，在每個必要的段落，非常大聲地唱誦班禪喇嘛的法號。這對僧眾們來說是莫大的鼓勵。

另一個與度母有關的奇異現象，是在岩石上自然顯現、非人工雕刻的「自生度母」。其中最近的一個例子，發生在尼泊爾加德滿都西方的揚列雪（Yanglesho）洞穴下方（此山洞因蓮師曾在此閉關而聞名）。我第一次去揚列雪朝聖，是在一九七二年。當時岩石上還未出現度母的法相。但是，現在由於無法解釋的原因，岩石上已慢慢浮現出一尊三十公分高的度母相，並且愈來愈清晰。現在岩石附近已蓋了一座寺廟，以保護這尊度母像並供人瞻仰。

這尊度母像為何會在此時出現？也許是度母對目前這五濁惡世中，向她祈請護佑的佛教徒的一種回應吧。

16 度母面面觀

度母的最主要形相是一面二臂、寂靜尊的綠度母，祂的主要事業是保護眾生免於恐懼與危險。

度母的確還有許多不同的形相，例如二十一度母禮讚文中的二十一度母、救難八度母、度母瑜伽女等等。然而，這些不同的形相並不表示是不同的度母，而是為了因應不同的情況，由同一位本尊所展現的不同形相。

雖然不同形相的度母有不同的修持儀軌，當我們祈請度母時，只要對綠度母祈請就可以，並思惟祂能成就我們所求的一切事業。

其他本尊，如手按大地母（梵 Bhrikuti，藏 Thronyerchen）、咕嚕咕咧佛母（梵 Kurukulla，藏 Kurukulle）、大白傘蓋佛母（梵 Sitatapattra，藏 Dukkar）、佛頂尊勝佛母（梵 Ushnishavijaya，藏 Namgyalma）、時輪金剛的佛母（梵 Vishvamata，藏 Natsok Yum）、無我母（梵 Naraitma，藏 Damema）等，有時也被認為是度母的化現。

所有女性的本尊，儘管樣貌多變，其本質真正只有一個，就是般若波羅蜜多，也就是圓滿的智慧。

17 白度母

在這許多不同形相的度母當中，除了綠度母之外，白度母也佔有特殊的一席之地。由於白度母的事業為長壽，因此廣受歡迎。如果有人受到健康方面的威脅，會求取白度母的灌頂並修持白度母的法門。此外，一般人也會供養白度母唐卡或塑像給上師，祈求其長久住世。

白度母與度母並無差別，也沒有特別關於祂的起源與故事，祂的事業僅是度母賜予眾生的一種特別保護。

白度母的咒語也和綠度母的相同──「嗡 達列 嘟達列 嘟列 梭哈」，只是在後面加上對於長壽的特定祈請「瑪瑪 阿玉 布涅 佳納 布真 咕嚕 梭哈」。

白度母也稱為「如意輪」（Chintamattra Chakra），此名源於其心間根本咒的排列方式。這十個咒字是立在水平法輪的十個輪輻之上：其中的八個輪輻如一般輪輻一樣從法輪中心向外延伸至輪輞，另外兩個則在法輪中心兩側垂直向上下延伸。在最高的輪輻之上有「嗡」字，在最低的輪輻之下有「哈」字。另外八個咒字則分別立在其他八個輪輻上。

18 白度母訂製雕像

下面的故事說明了白度母的特殊事業。

有一位噶當派[12]的格西夢見太陽從西邊升起、從東邊落下。他告訴上師這個夢境，上師說這不祥的夢是死亡的徵兆。格西於是開始擔憂，並去請教一位會看掌紋的人。掌紋師看了他的掌紋，宣稱格西只剩下三年的壽命。

格西對這樣的預言感到恐懼，認為此時除了精進修行以外，已無多餘時間可以研讀或做其他事情。他去見一位上師，稟告了夢境和掌紋的徵兆，然後表示他想利用此生所餘時間，全心全意修持一個可以讓他迅速開悟的法門。

上師答道：「你不必如此擔憂。有一個可以延壽的白度母法門，你修這個法就會沒事。」格西嚴守指示而修，不久即在他的淨觀中親見本尊，本尊並告訴他其壽命可達六十歲。

當他將近六十歲時，格西又向度母祈請。度母再次示現，告訴他若能建造一尊度母像，可以多活十年。格西因此造了一尊度母像。十年後，七十歲的格西又向度母祈請，度母再次指示他要造一尊度母像，如此格西又活了十年。

最後，格西壽達八十歲，之後又活了十五年，因此他活到九十五歲才往生。

19 度母的象徵意義

本尊的形相、顏色及各種特徵或法器，具有「清淨」的象徵意義。綠度母與白度母的象徵意義如下：

綠度母

綠色為覺者積極的慈悲事業之色（度母也是事業佛部主尊不空成就佛的佛母）。綠色表示著度母以風一般的速度，利益向她祈請的眾生。

向內盤起的左足代表捨離煩惱的情緒；向外彎曲的右足表示度母隨時可以起身而幫助眾生。雙足的姿勢象徵度母雖已完全離於輪迴之患，卻留在娑婆之中救度受苦的眾生。

度母的右手結勝施印，顯示她賜予共通成就（神通力）和殊勝成就（證得自心本性）；左

12 譯註：最早從印度傳入西藏的古老教派，強調修心轉念的修持。

手結皈依印，拇指與無名指相觸，象徵方便與智慧的結合。

另外三指豎立，代表三寶：佛、法、僧。雙手所持蓮花的花梗，表示度母已完全展現內在的一切證悟功德。

度母迷人的魅力與莊嚴的美妙，顯示她為諸佛之母，且對眾生的慈悲永不間斷。度母穿戴的（絲綢與珠寶）裝飾，代表精熟一切功德與事業。度母的腰背挺直，表示禪定力堅如金剛，永不動搖。度母身後的月輪，象徵永無止境的圓滿大樂。

綠度母

白度母

白度母與綠度母除了顏色不同之外，還另有七隻眼睛：臉部有三眼，手掌和足心各有一眼。白度母結金剛跏趺座（雙盤）。這些特徵的意義如下：

- 白色：去除兩種障蔽（煩惱障與所知分別障）。
- 七眼：從解脫的三門（空性、無相、無作意）澈見實相，並以菩薩的四無量心（慈、悲、喜、捨）生起大悲。

白度母

救難八度母：

救難八度母姿勢皆同，但右手各結不同的守護印，雙足之下則踩著該尊度母所能去除的危難，以保護向祂祈請的人。

救象難度母

梵 Moha-hasti-bhayatarini-devi

གཏི་མུག་གླང་པོའི་འཇིགས་སྒྲོལ་ལྷ་མོ་

藏 Timuk Langpoi Jikdrol Lahmo

是令眾生免於懶散，並保護眾生免於象難之度母。

救獅難度母

梵 Mana-simha-bhaya trana

ང་རྒྱལ་སེང་གེའི་འཇིགས་སྐྱོབ་རྗེ་བཙུན་མ

藏 Ngagyal Senge Jikkyob Jetsunma

是令眾生去除傲慢，並保護眾生免於獅難之度母。

救火難度母

梵 Dves-agni-prashamani

ཞེ་སྡང་མེ་དཔུང་ཚོགས་རྣམས་རབ་ཞི་མ

藏 Shetang Mepung Tsoknam Rab Shima

是令眾生全然平息忿怒，並保護眾生免於火燒之度母。

救蛇難度母

梵 Irsya-sapa-visapaharani

ཕྲག་དོག་སྦྲུལ་གྱི་དུག་རྣམས་ཡོངས་སེལ་མ

藏 Tradok Drul Gyi Duknam Yong Selma

是令眾生完全去除嫉妒，並保護眾生免於蛇毒之度母。

救賊難度母

梵 Kudristi-cora-upadravana-nirvarani

ལྟ་ངན་རྐུན་པོའི་ཉེར་འཚེ་ལས་བཟློག་མ་

藏 Ta-ngen Kunpoi Nyertse Le Dokma

是令眾生去除邪見之破壞，並保護眾生免於盜難之度母。

救獄難度母

梵 Ghora-matsarya-shrinkhala-mocani

མི་བཟད་སེར་སྣའི་ལྕགས་སྒྲོག་འགྲོལ་མཛད་མ་

藏 Mize Sernai Chakdrok Drolzema

是令眾生去除無止盡之貪婪，並保護眾生免於牢獄之災的度母。

救水難度母

梵 Rag-augha-vega-varta-shosani

འདོད་ཆགས་ཆུ་བོའི་བ་ཀློང་སྐེམས་མཛད་མ་

藏Dochak Chu-oi Balong Kem Zema

是令眾生去除欲望，並保護眾生免於水難之度母。

救魔難度母

梵 Samshaya-pishaca-bhaya-trana-tara

ཐེ་ཚོམ་ཤ་ཟའི་འཇིགས་སྐྱོབ་སྒྲོལ་མ

藏Thetsom Shazai Jik Kyob Drolma

是令眾生去除懷疑，並保護眾生免於魔難之度母。

第二章　度母續

我們所知道的度母和度母的法門，源自於續法。續法的內容並非以一般文本的方式傳授，而是佛陀顯現為報身佛，為天界菩薩、低於天道的人眾，以及一般人通常無法得見許多眾生所開示。續法是金剛乘法門、灌頂、本尊觀想，以及本尊持咒的基礎。

1　「續」是什麼？

「續」（梵 Tantra，藏 gyu）一詞的意思是「延續、相續」。從字面解釋，這個詞指的是自心本性，也就是遠離心意造作、處於最清淨狀態下的心。「相續」的觀念強調心的本性並非可得的新東西，也非現在沒有而將來修成正果時才會出現。心的相續於基（現在的我們）、道、果三次第都在。不論它是受到遮蔽或得以彰顯，恆時都在且持續不斷，是空性與明性的結合。

根據佛經的理論架構，空明的相續在不同的階段，是以不同的方式顯現：

- 其一，基：二諦（相對世俗與究竟勝義）。
- 其二，道：二資糧（福德與智慧）。

• 其三，果：二身（究竟法身與具相色身）。

在續法的架構中，則是指

• 於「基」的階段中：身與心。

• 於「道」的階段中：生起次第與圓滿次第。

• 於「果」的階段中：覺悟的二身（具相色身與究竟法身）。

基、道、果的說法，是以心的本性為參考點。當心性仍有雜染時（心被遮蔽時），是基。「道」是指淨化的過程，而「果」是指淨化後的心。在這個淨化的過程之外，心的本質從來沒有改變，在三個次第中都是相同的。這就是「相續」或「續」真正的意義。

廣義而言，講談「相續」和證得「相續」的方法，就稱為「續」，因此金剛乘的經文被稱為「續」。傳統來說，有兩種方面的「續」：

• 其一為「文字續」，講述心恆常不變的本性。

• 其二為究竟或「真義續」，則是此不變的本性。

佛（覺者）是指證得「真義續」的人。諸佛以不同的方式宣說文字續，先是開示一般輪迴眾生的自心本性如何被無明與各種煩惱所遮蔽（基），其後開示淨化自心本性的方法（道），最後說明完全淨化後的心的功德（果）。

2 「續」的密語

「續」的文字具有不同層次的含意，內容艱澀難懂，若從字面解讀，有時會導致完全錯誤的理解。據說續法共有二類、十次第的解釋方式，所謂的二類為「六種可能」與「四種形態」。

- 六種可能：
  - 其一，不了義。
  - 其二，了義。
  - 其三，有作意。
  - 其四，無作意。
  - 其五，用已知文字表示。
  - 末者，用未知文字表示。

若以「有作意」為例，當我們在續法中讀到：「畜生必須宰殺」，它真正的意思是：「讓情緒煩惱消失」。

- 四種型態：
  - 其一，共通意義。
  - 其二，隱含意義。
  - 其三，字面意義。
  - 其四，究竟意義。

「共通意義」表示該文字的意義，在經與續中皆同。「隱含意義」是指該文字有時在微細氣脈上本來的意義，例如那洛六法中對於這些文字的用法。「究竟意義」表示該文字只能以勝義諦、大手印或大圓滿的內涵來理解。[13]

要了解續法，必須在能夠解讀續法含意的具德老師門下學習，否則若只是從文字表面意義去理解，將與真實意義差之千里。即使是西藏的學者，若對續法沒有特別的研究，也無法了解續法的內容。即使精通文法與因明學的堪布或格西，研讀過佛經中所有的高深義理、中觀哲理或阿毗達摩[14]，也無法了解續法。

例如[15]，一般所認為是一切續法根本的《文殊真實名經》（梵Manjushri Nama Samgiti Tantra），便可用不同的層次來解釋其內容。有些釋論以事續部的層次來詮釋這部經，有些則以行續部、瑜伽續部、無上瑜伽續部生起次第、無上瑜伽續部圓滿次第等不同層次來詮釋。若不針對這些不同的角度來研究，將完全無法理解這部經文。

此外，若要真正了解續法，只是以研究知識的方式來理解並不足夠，仍需要個人對金剛乘的修持以及上師的加持。

依據西藏傳統，從過去到現在，都只有少數人能夠研讀續法。例如在格魯派，只有最優秀的格西可以獲准進入教導續部的大學研讀密集金剛、勝樂輪金剛，以及大威德金剛續。在噶舉派中，只有少數喇嘛或堪布能直接研讀續法，主要是喜金剛續，以及第三世噶瑪巴的續部著作《甚深內義》（Zamo Nangdon）。

3 度母續的起源

度母續的起源與所有的續法一樣，無法追溯其時間。續法是由不同的佛以其遍智力，在不同的時期依不同因緣而宣說，因此無法確定其起源。究竟而言，續法是恆常存在的。度母續也

13 譯註：「那洛六法」為印度大成就者那洛巴所傳的六種瑜伽，包括：拙火、幻身、夢、光明、中陰、遷識。「大手印」、「大圓滿」則為藏傳佛教的最高修持。

14 譯註：三藏中的論藏。

15 譯註：或稱《聖妙吉祥真實名續》，事實上為一部「續」。

是一樣，安住於佛的遍智之中，且在由佛宣說之前，早已於過去多劫中受到揭示。

就我們所在的這一劫而言，度母續在釋迦牟尼佛出世前，已由觀世音菩薩在普陀拉（Potala）淨土中多次宣說。

我們所在的這一劫分為四個部分：

- 其一，**大劫**：指一劫的開始，此時人的壽命極長，且物資豐饒，具有正見，相親相愛，因此具足安樂。
- 其二，**中劫**：壽命、物資、安樂開始衰敗。
- 其三，**成劫**：衰敗更加明顯。
- 其四，**壞劫**：我們所處的艱困時代（我們所有的歷史、甚至更久以前，皆屬此劫），人的壽命限於百歲，而安樂只有原來的四分之一。

觀世音菩薩最初在「大劫」時期以八十萬句偈宣說度母續，第二次在「中劫」時以六十萬句偈宣說度母續，而第三次在「成劫」時期以一萬二千句偈宣說。最後一次是在「壞劫」、釋迦牟尼佛出世之前，以一千句偈宣說。

4 釋迦牟尼佛宣說續法

我們現在所知的度母續，並非由觀世音菩薩所宣說的度母續，而是釋迦牟尼佛依以下因緣所說：

釋迦牟尼佛在證悟的前夕，於菩提樹下禪定之時，一群魔眾前來干擾，想要阻止祂成佛。此時度母示現，並以八聲大笑令魔軍退倒在地，無法作亂，釋迦牟尼佛因此安住於三昧而於清晨證得佛果。此後，祂隨即宣說度母續，而那時還不是將續法傳至人間的時機，待至數百年後方才因緣具足。

釋迦牟尼佛宣說續法時，並非對人道眾生宣說，而是對菩薩、天人、龍族及其他眾生宣說，且其地點大部分不在人間，而是在如普陀拉淨土等其他地方。包括度母續在內的大部分續法，都是由金剛手菩薩（梵 Varjapani，藏 Chan Dorje，大勢至菩薩）所守護，也因此金剛手菩薩被稱為「秘密守護主」。在有人類以前，曾有其他類的眾生能夠接受續法，並透過修持而得到利益。

度母法門的儀軌在佛陀滅度很久以後，才由聖眾揭示。例如：學者月官居士（Chandragomin）在淨觀中由本尊親授一百零八部儀軌。

5 人間的續法

續法第一次傳至人間，是經由釋迦牟尼佛在世時的印度國王因札菩提（Indrabudhi），以兩種方法取得：有時候是由金剛手菩薩或其他菩薩向他宣說，國王聽聞而隨即寫下；有時候是國王經由神妙的方式，直接得到已經寫好的續法。然而，因札菩提將這些續法鎖入箱中，只傳給幾位有緣的弟子。當時，續法的全盛期尚未來臨。

我們從歷史中得知，度母續直到佛陀涅槃三百年後才傳入人間（約公元前三世紀）。

除了因札菩提王的秘密事蹟之外，當時世間只有小乘教法，就連大乘經典的教法都尚未出現，更別提金剛乘了。直到我們的這個時代，由天界菩薩所守護的大乘經典，以及所有的續法，才開始由觀世音菩薩或文殊菩薩透過淨觀傳授給特別清淨的弟子；或是像因札菩提王的神妙受法，是由本尊親授文字續。

所有的續法都以同樣的方式，開始透過淨觀而揭示，例如親見金剛手菩薩。由於續法主要根據個人根器，由上師與弟子之間口耳相傳，因此只有極少數人修持續部的法門。也因為要維持極為秘密的修持，故而沒有人敢肯定地說某某人是專精續法。

當時，度母是人們秘密修持的本尊之一。有幾個關於那個時代度母如何拯救其弟子免於危難的故事。這裡舉兩個例子，第一個是受敵追趕之災，第二個是遇上獅子之難。

有一位王子在園中睡著了，此時發誓要刺殺他的敵人悄悄圍上來。王子突然間醒來，發現已無路可逃，他唯有向度母祈請救護。他自內心深處呼喚度母，度母於是現前，並從足心放出了一陣大風將敵軍吹散。

另一個故事是，有一名男子在森林裡遇到了飢餓的獅子（印度在某時期之前似乎仍然有獅子）。他向度母祈求救護，結果一名背著一大簍葉子的年輕女子經過，救了這名男子。她其實就是度母的化身。

6　哈亞巴拉傳承

度母續最主要是由出身婆羅門家族的孟加拉比丘哈亞巴拉（Hayapala）所弘揚。哈亞巴拉在學習許多大乘教法之後，遇到婆羅門古雅希拉（Guhyashila，密戒）。古雅希拉是由金剛手菩薩直接傳授度母的教法。哈亞巴拉從古雅希拉處接受了度母的灌頂，並在他的教導下修持「救度者」的法門，並證得佛果。

其後，哈亞巴拉前往鄔金國（Uddiyana，位於印度西北方），在那裡，空行母傳授他許多續法：

- 其一，《度母生源根本續》（Fundamental Tantra on Tara's Origin）。
- 其二，《猛烈忿怒續》（Violent and Wrathful Tantra）。
- 其三，《最勝無上金剛秘密續》（Secret Tantra of the Sublime Unsurpassable Vajra）。
- 其四，《赫魯迦生起續》（Tantra of Producing Heruka）。

在此之後，他返回印度並住在提普拉（Tipurar），還建了一座寺廟收藏這些續法。他將般若波羅蜜多教法和大乘經典普傳給一般弟子。對於較有根器的弟子，則傳授度母法門。許多弟子依循此法門而修，最後證得佛果。

哈亞巴拉接著將度母的傳承授予弟子哈雅勾夏（Hayagosha），哈雅勾夏再傳給龍樹菩薩（Nagarjuna），龍樹菩薩依此度母法門而成就。此後，這個傳承延續至今，毫未間斷。

度母法門後來以不同的方法傳入西藏。度母續在藏地的起源，最主要是來自多羅那他，他是從印度上師奇瓦．貝巴（Chiwa Bepa）的一名弟子處得到此法，而奇瓦．貝巴也曾到過西藏。

在多羅那他以前，則有阿底峽尊者（Atisha），他與度母的因緣甚深，對度母法門在藏地的弘揚影響甚鉅。

7 阿底峽與度母

值得注意的是，阿底峽的一生與度母有著極為密切的關係，且這份因緣與阿底峽入藏似乎有關。他與度母的因緣正說明了度母化顯佛行事業的方式。

（1）神奇的示現

阿底峽一出世時，度母即清楚表示，她將護佑這個孩子。阿底峽生於西元九八二年，是孟加拉皇室的次子。他的雙親為他取名「月藏」。有一天，阿底峽睡在宮殿上層的寶床中時，國王和王后聽到門外傳來神秘的音樂。王后看見一朵蓮花從天而降，落在寶床前，而襁褓中阿底峽的臉同時轉變為度母的面容。許多人因此認為度母是阿底峽宿世的本尊。

（2）堅持護戒

當阿底峽成為青少年時，國王為他舉辦多場盛大的宴會，許多公主與隨從都來參加。

阿底峽相貌莊嚴、氣質非凡，大家均為之傾倒且心生愛戀。此時，一名身色淡藍的空行母示現，她其實是度母的化身，她告誡月藏：「如象沉溺蘆葦圍，勇識溺此欲泥中，清淨戒衣豈不沒？五百五十二生中，恆受奔勤苾芻身，猶如鵝王遊蓮池，汝於此世當出離。」[16]

阿底峽在二十九歲出家，潛心研讀並修持佛法，不久之後即名聲遠播，藏王數次請他入藏。當時西藏佛法在朗達瑪王（Langdarma）滅佛後處境艱困，但阿底峽不想捨棄戒香寺（Vikramashila）住持的大責，也不願前往這個眾所皆知的艱難北國。後因度母數次勸請，阿底峽才決定入藏。

（3）如何彌補過失

有一天，阿底峽同意將僧人梅紀巴（Maitrepa）逐出戒香寺學院。梅紀巴雖然行為略有逾矩之處，卻有著極高的瑜伽士證量。不久之後，度母在夢中告知阿底峽：「梅紀巴是位菩薩，就算是不得已，也不可以違背菩薩之意。若不能彌補這樣的過失，你將轉生為有大如須彌山之身軀，上有千萬鳥雀、蟲隻棲息並啄食。」

阿底峽因驚恐而問度母：「要如何才能不受這可怕的因果？」度母說：「你必須前往北國，並在那裡宣揚大乘法門。」

（4）瑜伽女的信息

又一次，阿底峽夢到度母指示他前往某個寺廟，在那裡有位瑜伽女會告訴他重要的訊息。隔天清晨，阿底峽前去那個寺廟，向瑜伽女供養鮮花，說道：「藏王請我到藏地去弘法，我會圓滿這個任務嗎？」

瑜伽女說：「你這一趟將成果輝煌。此外，你會遇到一位在家人（Drom Tonpa，仲敦巴），他會大力協助你。」

（5）度母的警告

藏王菩提光（Jangchub O）遣送使者邀請阿底峽入藏時，阿底峽又詢問度母是否該接受邀請，度母告訴他：「你去藏地將會有極大利益，但你的壽命將會縮短。」

「幾年？」

「若你不去藏地，可以活到九十二歲。若你去了藏地，只能活到七十三歲。」

16 譯註：此處譯文取自法尊法師所譯《阿底峽尊者傳》，由英文譯為白話如下：「有如大象深陷泥中，若勇者汝溺貪愛，此垢怎不染戒袍，五百五十二世所修，無誤比丘學者之德？好比天鵝覓蓮花池，汝需求取此生戒律！」

阿底峽自忖：「若能利益眾生、廣弘佛法，少二十年壽命也無妨。」

因此阿底峽在五十九歲時，離開印度溫暖的平原地區，前往冰天雪地的西藏高原。他的餘生都在西藏弘揚佛法，並在那裡圓寂。

從這個故事，我們不只了解度母對阿底峽的啟發，也知道度母如何殷切地引導阿底峽前往雪域。

如是，度母續源於諸佛恆常的遍智，經過天界及印度的大成就瑜伽士們，最後傳入西藏雪域。

問：西藏人所說的大乘佛法以及續法的歷史，經常讓西方學者懷疑這些教法的真實性。西方學者指出大乘及續法經典並非出自佛陀的時代，而是在佛陀涅槃幾百年後才出現。大乘佛法與續法先在天界保存、然後傳入人間的說法，似乎是以神話規避起源時間的一種方法。對西方學者而言，大乘與續法是在釋迦牟尼佛傳授原始教法久遠以後才出現的產物，是以不恰當的方式轉嫁於原始法教之上。對於這類說法，藏傳佛教有何回應？

仁波切答：我們的答案很難讓這些西方學者滿意。他們的研究方式以及思考架構無法接受藏人看待事情的方法。從他們嚴格的觀點看來，並沒有錯。但他們若不相信本尊的存在，就不可能了解偉大的修行者何以實際可以與本尊溝通、從本尊領受教法，甚至得到從天而降的神妙儀軌。這有什麼證據呢？對他們而言，證據必須要大家都看得見或觀察得到。但是，在修行的範疇中，極微細的覺受須仰賴個人的業與內在修為。這類的修行者無法向他人證明，生起淨觀是因為他們自心清淨的關係。

以科學來說，其實也是一樣。一般人並未像科學家那樣做研究，也沒有足夠的智力，所以無法自行驗證科學家所提出的理論。以原子能為例，我們並未親眼見到證據，便相信科學家的相關說法。應該只有在看到原子彈爆炸時，我們才有證據。如果沒有親自看見，我們就等於盲目相信科學的主張。

金剛乘有點類似這樣。只要未經個人的實修實證，我們皆如盲人一般。只有透過實修實證，才能自己證明佛法的真實性。

西方學者難以了解佛法的另一個原因，來自於他們對「佛」的概念。對他們而言，即使佛陀具有極大的智慧，仍然是個凡人，與其他人沒什麼不同。因此，既然受限於人身，佛的教法也受到時空的限制，這類對佛的看法實屬狹隘。佛的本性據說是「不可思議的秘密」，同時，佛的身、語、意、功德、事業也在這不可思議的秘密之中。「不可思議」是很切合的形容，表示並非凡夫所能理解，佛的境界以無量的方式展現，超越了一般人的理解；否則，就要稱為「可以思議」了。

如果佛的存在受限於人壽，則在天界所傳的法以及所有殊勝的事物都失去意義；但是佛的存在遠遠超越且不受限於人身。

事實上，每個人自然會有各自的見解。在佛教的歷史中，一直有不同學派彼此攻訐辯證。只有以更高層次的見解來看，才能了解較為狹隘的看法並沒有過失，但只代表部分的真實性。同樣的，研究科學時，在研究最後所做的細微分析，並不會瓦解最初所學較為單純的事實。

我們其實都是自己心理成見的囚犯，是這些成見遮蔽了實相。佛法的作用就是要去除將現象執著為真實而產生的幻相，為了達到這個目的而提出許多方法，例如小乘法門、大乘法門、金剛乘法門、世俗諦、勝義諦等等，所有這些方法的目的都一樣，就是要除去認為現象有其真實性的錯誤看法。一旦完全從意念的造作解脫之後，我們就是佛了。

除了修行之外，運用思惟或是心理層面的練習並無法證得佛果。前述的心思方法只會在固有的成見上再增加更多的成見。當然，在三乘教法中，我們也發現有運用心理活動的修行法門，但這些是對於心理的巧妙運用，可以逐步去除這類的造作。

第三章　迎請度母

1 儀軌的作用

儀軌是修持本尊法的方法，也是修行者與本尊建立深厚關係的方法。本尊法分幾個階段（次第），其中的許多要素即是建立這種關係的方法，例如觀想本尊、供養本尊、祈請本尊、持誦本尊咒語等。透過儀軌的修持，可在修行者的心中留下本尊的印象與加持。

佛教中有許多類型的儀軌，對應不同層次的修持。經部傳統同樣也有其儀軌，例如釋迦牟尼佛或藥師佛（梵 Baisajaguru，藏 Sangye Menla）儀軌。

金剛乘傳統分為四個續部，各部修持儀軌的方法不同。

儀軌內容可能極長，也可能很短，可能是總集儀軌或是單一儀軌，但其作用都一樣：心中憶念本尊，透過本尊觀修、持誦真言與修持的其他部分，而在修行者心中留下對本尊深刻且有助益的印象。

這些印象是因我們運用自己的個性、身、語、意的所有要素而形成。

- 在身的方面：我們安置壇城，放上供品，確定佛堂整齊清潔，調整禪修坐姿，手結手印（象徵供養、迎請本尊等的手勢）。同時，也可使用鈴等樂器以做音樂的供養。這些身體的種種動作，無非是為了讓我們能完全投入於儀軌的修持，讓心更加專注。
- 在語的方面：口誦經文或法本與持誦咒語，對於心的修持是一種輔助，因為語言可以引導心的想法。
- 在意的方面：心是修持儀軌的主導者，在所有的階段中皆專注於正在進行的修持：皈依、發菩提心、清淨供品、迎請本尊、觀想、供養、禮讚、持誦真言、祈請原諒修持中所犯的過失、本尊返回淨土、收攝觀想，以及迴向。

如上理解，便知道儀軌對我們的心所起的作用。一方面，儀軌可以幫助我們淨化無明的遮障（和其他的遮障）等；另一方面，主要是透過供養和禮讚，可以讓我們累積福德並種下善根。最後，修持儀軌是預備將來能化顯受用身，也就是無別於我們自心的真實本尊的顯現。

問：修持儀軌時，我們有時會觀想對生本尊，有時則觀想自生本尊，或甚至有時還同時觀想自生本尊和對生本尊，例如在度母修持法中即是如此。這些不同的觀想方式有什麼作用？

仁波切答：初學者對於真實有「我」的觀念十分強烈，因此也強烈相信真實有「他」。這種「自他」或「人我」的二元分別，控制了我們的覺知。觀想自己是本尊，同時也觀想本尊在自己的對面，是逐漸去除分別習氣的第一步。當禪修得相當好時，即使本尊以兩個不同的形相顯現，行者也能體悟其本質相同。最後，我們可以不用再觀想兩個本尊，只需要自觀為本尊就足夠，因為此時已經知道所有不同的顯現，其本質都相同。

經部傳統的儀軌，或是續部中事續、行續這前二部的儀軌，只觀想對生本尊，但是第三部的瑜伽續的儀軌則大部分都包括對生本尊和自生本尊。最後，第四部的無上瑜伽續的儀軌，則是對生本尊與自生本尊無二無別，或是只有自觀為本尊。

2 度母的儀軌

度母的儀軌有很多種，藏傳佛教各教派根據各自的喜好而使用不同的儀軌。噶舉派最常用的一個儀軌是秋吉．林巴[17]在十九世紀所取出的伏藏。

伏藏是八世紀時由蓮花生大士在西藏所傳的教法，他將伏藏隱藏起來，以便於後世應眾生的需求，再由授記的伏藏師取出。這些伏藏可能是已書寫好的法本，也有些隱藏於岩石、牆中或其他地方，或直接由本尊傳授給伏藏師。此外，也可以直接由心意中取出，[18]藏語稱為「貢德」（gongter，心意伏藏），而秋吉．林巴正是以這種方式取出度母伏藏法。

17 秋吉．林巴（一八二九至一八七九）、蔣揚．欽哲．汪波（一八二〇至一八九二）、以及稍後提到的蔣貢．工珠．羅卓．泰耶（一八一三至一八九九）是十九世紀藏傳佛教復興時期的三位大師，也是不分教派（藏稱 Rimey「利美」）運動的主導者。

18 譯註：伏藏主要有岩藏和意藏兩種，意藏會直接顯現為聲音或文字而出現在取藏師的心意中；岩藏則會出現在寺院、聖地、塑像、山岩、樹林、湖泊，甚至是天空之中，且內容不只限於經文，還有聖物、法器、聖藥等等。即使是經文，也不會整篇如一般文字書寫那樣，而是會有一些象徵性的符號，以啟發取藏師深微層次的心意，且在取藏師寫下經文之後便會神妙地消失。而所有的伏藏師都由蓮師授記，是具有天賦或蓮花生大士自己的化身。

當時秋吉．林巴住在西藏康區的「蓮花水晶窟」。一日清晨，度母在淨觀中示現，說道：「善哉，善哉，善哉」，而加持秋吉．林巴，並因此開啟了秋吉．林巴的心意，從中取出長久以前蓮花生大士所傳的法教。他將此伏藏命名為《度母甚深滴露》，「滴露」（或稱心髓）意指以簡要的形式而囊括法之精要。

秋吉．林巴只將所得到的教法傳授給一個人，就是蔣揚．欽哲．汪波。蔣揚．欽哲．汪波將此法秘密收藏了三年，然後傳給蔣貢．工珠．羅卓．泰耶，由他寫下最後的儀軌並加以廣傳。

此伏藏包含外、內、密不同次第修持的許多內容，而這些次第只能依序來修持，最後兩個次第則必須閉關。在此簡單講述其特點。

3 外在的修持

外修持有兩個主要的部分：

- 修持七支祈請文，供養與讚頌累積福德。
- 祈請的態度：修行者請求度母保護，並請祂滿其所願。由於修行者是以請求的姿態，因此重點是在修行者對面虛空中的本尊（以二十一度母的形式顯現）。

對應的儀軌通常是公開修持。由於是伏藏，因此會在修持前先念誦蓮花生大士的祈請文。修持之各次第如下：

- **皈依及憶念菩提心**。

修行者皈依於三寶（佛、法、僧）、三根本（上師、本尊與護法），尤其是度母的庇護之下。修行者也重新發願，為利益在輪迴中受苦的眾生，而欲證得佛果。

- **七支祈請文**。內容如下：

・禮敬諸佛菩薩，以對治傲慢。
・獻上供養，以對治貪著。
・懺悔業障，以對治惡行。
・隨喜諸佛與凡夫之善業，以對治嫉妒。
・請轉法輪，以對治愚癡。
・請佛住世，以對治邪見。

邪見的其中之一是認為佛的事業會有間斷，也就是當佛住於人身時可以幫助眾生，而當離開人身時就會不再幫助眾生。經由請求諸佛住世，不論是否住於人身，可以去除我們認為佛的涅槃會使佛行事業終止的想法。

・迴向。

思惟我們經由上述六支祈請而積聚了功德，並以此迴向，願我們為利有情而成佛。此迴向乃對治「不善巧的方法」，避免將功德僅迴向予暫時或世間的目的。

- **清淨供品**。

清淨的供品指放置在壇城中的供品以及心中所觀想的供品，包括：飲用水、洗滌水、花朵、燃香、燈火、塗香、食物、音樂。每一種供養物各自以咒語和手印來表示。

- **七支祈請文**。

第二次的七支祈請文，內容與第一次的略有不同。第一次的祈請是緊接在皈依之後，是以各種皈依對象，特別是度母為對境。第二次的祈請一般是以三寶為對境。

- **獻曼達**。

修行者觀想將整個宇宙化為曼達的形式，供養給度母和諸佛菩薩。這段念誦是伴隨著獻曼達手印來做。

- **自身化現爲度母，並迎請二十一度母**於前方虛空中安住。各種形相的度母出現在空中，主尊為綠度母。

- **念誦禮讚文**。

禮讚文分成三回念誦，第一回念誦兩次，第二回念誦三次，最後一回念誦七次。每次念誦完之後都要進行供養。

· 第一回時，觀想度母在我們的前方，右手結勝施印。思惟祂賜予我們共的成就（各種心理上的力量）與不共的成就（了悟心的自性）。

· 第二回時，觀想度母結保護印。我們觀想祂保護我們免於所有恐懼與災難。

· 第三回時，思惟從度母的右足流出明亮的甘露，進入我們的頭頂，賜予我們加持。

- **供養食子**。修行者向本尊供養食子（torma），以便向祂祈請。
- **持誦度母眞言**。先前虛空中各種形相的度母融入修行者，修行者一邊持誦度母真言，一邊繼續自觀度母。
- **請求寬恕修持儀軌時的任何違犯**。請求寬恕前，先持誦金剛薩埵的百字明咒。
- **觀想收攝**。修行者將觀想收攝化空之後，隨著自心逐漸熟悉其本然自性並由此安住片刻。
- **迴向**。修行者迴向修持儀軌所得的功德，念誦「願以此功德，速證聖度母，願能利眾生，於此證果中。」
- **吉祥祈願文**。持誦這些祈願文時，修行者向空中拋灑米粒，象徵天人灑下的花朵。

儀軌修持的末段，通常會念誦其他祈願文與上師的長壽祈請文。

想要圓滿外修持的行者，必須持誦真言「嗡達列 嘟達列 都列 梭哈」中咒字的十萬倍數，也就是一百萬次的真言。

4　內在的修持

內修持強調生起次第（藏 kyerim），即自觀為本尊。此修持包含十三本尊聚集於本尊天宮之中：

- **中央爲綠度母（修行者自身）**
- **度母周圍有救難八度母，坐姿與綠度母相同，右手結佈施印，左手持一朵蓮花，其上有各種不同的法器。**
  - 保護獅難度母，藍色，蓮花上有金剛杵。
  - 保護象難度母，黃色，蓮花上有鉤。
  - 保護火難度母，白色，蓮花上有水的水晶[19]。
  - 保護蛇難度母，綠色，蓮花上有勝藥（訶子）。
  - 保護賊難度母，白色，蓮花上有弓箭。
  - 保護獄難度母，綠色，蓮花上有劍。
  - 保護水難度母，紅色，蓮花上有火水晶[20]。
  - 保護魔難度母，黑色，蓮花上有杖。
- **天宮的四個大門面對四方，各有一位守門女看守，她們以立姿做撲刺狀，面容忿怒，手中各持不同法器。**
  - 東方，白色守門女，右手持鉤，左手持鈴。
  - 南方，黃色守門女，右手持繩，左手持鈴。
  - 西方，紅色守門女，右手持鍊，左手持鈴。
  - 北方，綠色守門女，右手結奇剋印（威嚇印），左手持鈴。

5 秘密的修持

密修持強調圓滿次第（藏 Dzokrim），能引介細微能量（脈、氣、明點）的修持，共有九位本尊：

- **天宮中央爲三昧耶度母，綠色，與馬頭明王（梵 Hayagriva，藏 Tandrin）雙運。**
- **在她的周圍有四位不同形相的度母，如內修持一般，右手結佈施印，左手持一朵蓮花，其上有不同象徵和法器**。
  - 東方，金剛度母，藍色，蓮花上有金剛杵。
  - 南方，寶生度母，黃色，蓮花上有珍寶。
  - 西方，蓮花度母，紅色，蓮花上有鉤。
  - 北方，事業度母，黑色，蓮花上有劍。
- **天宮之外有四位守門女看守四個大門，與前述內修持相同。**

這三個次第構成了易於修持、具有深意，且可作為終身修持的法門。

問：在度母的儀軌中，如同大部分的儀軌，我們向本尊供養用麵粉團做成的小型食子或供養食子（bultor，布施食子）。請問為何要做如此的供養？

19　西藏人將水晶分為兩類。其一為水的水晶，當受到太陽照射之時，會產生清涼的感覺，其二為火的水晶，則是會散發熱度的感覺。

20　同註19。

仁波切答：一般而言，供養可以累積福德及清淨業障，但食子供養則是和個人對本尊的請求比較有關。我們請求度母幫助我們或幫助某個人，或幫助我們完成某件事情。在食子供養之後，我們會念誦一段文句，例如：「於曼達生起中的圓滿喜悅者，請受用此精心製作之供養食子，並賜予弟子及眷屬健康、長壽、權力、榮耀、名聲、好運、及廣大的財富。請賜予我事業的成就，例如息法與增法等。您既已承諾，便請保護我，協助我實現所有成就。消除非時死、疾病、魔鬼，以及障礙製造者。驅散惡夢、不吉之徵兆，以及有害的行為。讓世間安樂、年年興旺、收穫豐盛。讓佛法廣為傳揚，世人皆享安樂，我之所願實現！」等意思的文句。

供養或禮讚並非是給本尊恩惠。本尊並不會因為得到或得不到供養而滿足或不歡喜。供養和禮讚是為了減少我們對物質的執著，並累積福德，所以是對我們有用，並不是對本尊有用。

問：在壇城中，還有另一種更大的食子，叫做所依食子（tentor，所緣食子）。在拉旺先生母親的故事裡，也提到有度母的所依食子。請問它的用途是什麼？

仁波切答：這種食子有很多作用。有時，它是象徵本尊的所依物——可說是代表本尊的出現。有時，它是對本尊的供養。有時，在儀軌的開始部分，它是觀想的所依物，在第二部分則成為供養物。

食子可能有不同的樣式，不僅依本尊而變化，甚至同一本尊也可能有不同樣式的食子。續部雖指出食子的必要性，但卻未對其樣式給予精確的指示。經過漫長的時間，不同的教派發展出許多不同樣式的食子。

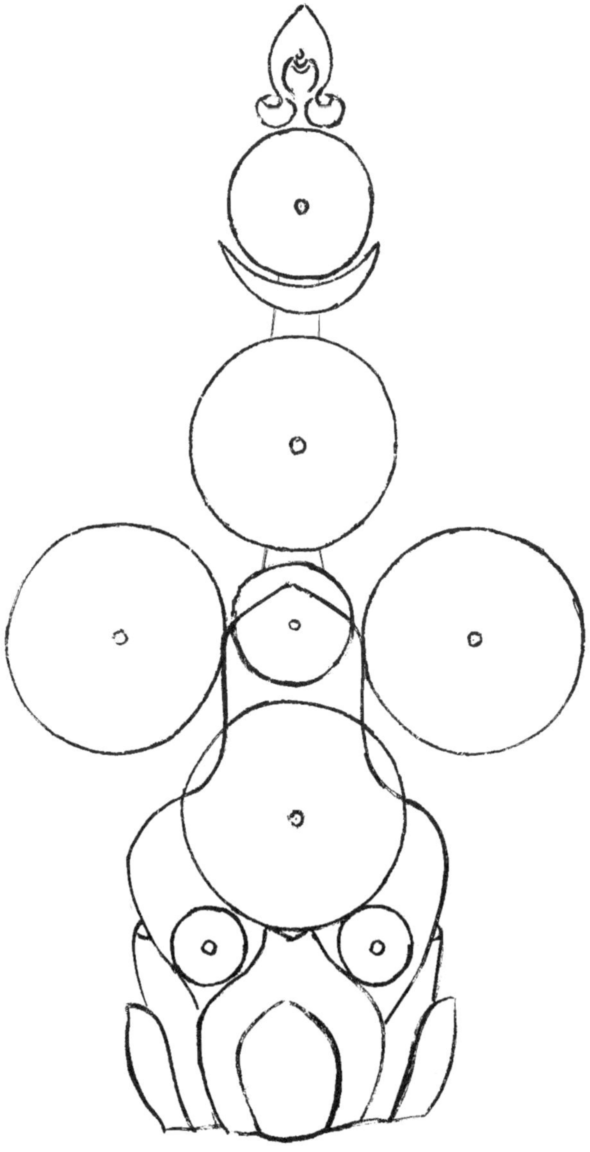

度母的食子（藏torma，或稱朵瑪）
本尊的食子是以麵糰或黏土製成的象徵物，
上面的圓形裝飾是以上色的奶油模塑而成，
代表本尊降臨於壇城。

問：根據藏傳佛教的傳統，所有寺院的早課都會修持度母法嗎？

仁波切答：不一定。有些寺院會修度母，有些則修別的儀軌。卡盧仁波切在印度的索納達建立了修持度母法門的傳統。在印度的米麗寺，由於我和堪布對度母有著特別的虔敬，因此我們也規定寺院僧眾每天要修誦度母儀軌。

問：是否有度母的吉祥日？

仁波切答：度母吉祥日是藏曆每月初八，也就是滿月後第八天，上弦月日。

6 簡短的祈願文

問：一般西藏人如何表達對度母的虔敬心？

仁波切答：西藏的在家人一般不修度母儀軌，這比較是寺院的活動。不過，大部分藏人都知道度母禮讚文，這是藏族孩童從小就琅琅上口的。他們通常會早晚持誦，或在工作時、看守牲畜時持誦。他們也會念度母的心咒。

西藏人通常對度母具有極大的信心。不過就算他們知道禮讚文的詞句，也不一定了解那麼複雜的意義。然而他們堅信度母會保佑他們，對他們而言，這也就夠了。

問：突然遇到危險時，我們如何祈請度母的保護？

仁波切答：只要從內心祈請：「度母，請保護我！」就這麼簡單，一點也不難。

問：西方人通常難以和西藏人一樣念誦度母禮讚文，請問他們如何表示對度母的虔敬？

仁波切答：如果他們不知道禮讚文，可以用信心和虔敬心持誦度母心咒。遇到危險時，也可像藏人一樣發自內心呼喊度母的聖號，其加持力和保護是一樣的。

問：有些人認為從勝義諦的觀點來看，我們的心和本尊是不相分離的，所以祈請文並沒有意義，因為那好像是在向自己求救。這種觀點的價值何在？

仁波切答：就勝義諦而言，本尊與自己的心無二，這是真的。但我們也須了解就勝義諦而言，沒有痛苦也沒有恐懼。以實相來說，我們現在所認為的痛苦、恐懼、危險，其實都是自心的顯現。這就像是在夢中，我們的心會製造一些讓我們感到痛苦、威脅或恐懼的景象。

然而，只要我們尚未證得勝義實相，我們仍會認為痛苦與恐懼都是真實的，因此必須承受這些痛苦與恐懼。在這樣的相對情境中，當我們向本尊祈請時，本尊會給予我們援助，而本尊也只是暫時顯現為有別於我們的外在者。

只要我們還處於相對的層次，就需要祈願文；而究竟的祈願文則是安住於勝義諦，也就是安住於自心本性，超越分別。在勝義諦中，內心、外顯、本尊，這一切的本質都一樣。

在到達這樣的境界之前，我們仍會將痛苦和恐懼視為真實存在，也會認為本尊存在於自心之外，而向祂祈請。不過，度母確實會協助並護佑我們。

我們必須分辨，無二元之見的證悟，以及我們目前的狀態，這兩者是有所不同的。在目前的狀態中，我們所有的經驗都是在主體和客體的二元之見中生起。

問：我們念誦的度母祈願文似乎與無欲望的理想、滿足於自己所擁有的事物背道而馳。比如，有些其他的祈願文會說：「請讓我們無所需求！」但度母的祈願文卻似乎是說：「請滿足我們所有的需求！」在念完禮讚文後的一段文字說：「轉此讚二三七反，欲求子者能得男，欲求財者能得財，一切所欲皆滿願。」[21]

仁波切答：對於眾生的祈請，不論其理解的能力為何，度母都會回應。由於大悲心的緣故，祂隨時都在救度眾生遠離痛苦。如果有人的痛苦是在物質面，這個祈請文就是表達這樣的物質需求，她也會依此回應。但如果有另一個人有比較深的了悟，知道痛苦的根源是來自無止境的慾望，而祈求自心不再生起任何欲求，那麼度母也會加持讓他不再有欲求。如果有人祈請增加虔敬心，或祈請證得大手印，度母也會依著他的願望而給予加持。

同樣的事情，可以在不同的層次上去理解。例如，求子得子，以世俗觀點而言，只是表示對於想要有孩子卻得不到的家庭而言，無子是一種痛苦。在這種情況下，度母會護佑他免於這種痛苦。反之，對於僧人而言，祈求得子是沒有意義的。但是，如果以較深一層的意義來看，「子」表示「弟子」（藏 lopma，意思即是學生，或是藏 bulop，意思是學子）。上師可能會想要有優秀的弟子以傳承法脈，是為了延續法教以利益有情，並非想滿足個人的目標而求「子」。因此，上師祈請獲得弟子是合理的。

問：如果只是單純地向本尊祈求得到物質所需，有可能得到一些修行上的利益，比如累積福德嗎？

仁波切答：這要看發心而論。例如，如果有人祈求財富，是為了濟貧、以不同方式幫助他人、或供養，這種情況下，因為有利他的發心，所以會積聚福德；如果只是想到個人的利益，就不會積聚福德，這樣的祈請雖然仍會得到本尊的協助，解除暫時的痛苦，但不會產生任何的福德。

但是，就像我們前面講過的阿媽拉的故事，她憑著對度母的信心，迎請度母而打贏所有官司，雖然求的是物質的利益，但她的心也會得到本尊的加持。這個加持，最終會讓我們步入佛道。

問：不論我們的願望是什麼，持誦度母祈請文可以滿所有的願。但如果我們的願望不是那麼好，比如說像小偷希望可以偷到東西呢？

21 譯註：語出翰林學士承旨中奉大夫安藏奉詔譯之《聖救度佛母二十一種禮讚經》其後六段偈誦之一：「若轉此讚二三七……欲乞男女得男女，求財寶位獲富饒，善能圓滿隨意願……。」

仁波切答：諸佛菩薩完全是為了利益有情。諸佛菩薩有三種極大的功德：遍智、大悲、以及大力。祂們不只是以大悲來利益眾生，且利益眾生的方法也不會有偏差。因此，度母圓滿眾生的願望，而這些願望必須是能為他們帶來暫時及永久的安樂。對於會造成惡業或更多痛苦的願望，度母不會讓他滿願。

由於我們對什麼是有益、什麼是有害，可能仍因盲目而無法分辨，因此在一些祈請文中，我們會祈請本尊為我們分辨。例如，我們會說：「如果這對我有益，願我所願得以成就；如果這對我有害，願我所願皆不成就。」或者說：「如果這個願望不好，願我不會有這樣的願望；就算是在心裡生起這樣的願望，也願它不要成真！」

問：據說因果業力是真實不虛的，我們必定要承受自己所造的業。如果我們祈請得到自己所不擁有的，或者祈請去除生活中痛苦的狀況，這不是違背了業果不爽的法則嗎？

仁波切答：每個人的業都不同，且有各種不同的業。有些業是無法轉變的。在這種情況下，如果有必須受苦的業，苦還是會發生。反之，如果沒有享受安樂的業，安樂也不會發生。祈請文很難能改變事情。

當我們說因果業力真實不虛時，是指若無任何其他因素阻止事情發生，則因必然會產生果。但如果這之間有了新的因素，就可能產生變化。虔敬心、祈請文，以及懺悔過去所造的惡行，都是可以轉業的因素。這些是和真實證悟者或本尊相關的甚深法門。這也是為何這些法門可以清淨業、改變業的原因。除非能讓這些因素發生作用，否則業必然會正確無誤地產生果。除非我們將剛發芽的草拔除，否則草的種子必然會發芽茁壯。

7 灌頂

我們已具有「覺醒心」（也可以說「佛的四身」[22]），但是目前尚未實證，仍因各種業的遮障而處於潛藏的狀態。因此，有必要揭露它的本然面目。

灌頂的作用就是要開啟這個過程，讓我們清淨遮障，讓四身「覺醒」，使它們從虛擬的狀態轉變成真實的狀態。

只有金剛乘傳承的金剛上師（梵vajracharya，金剛阿闍黎）才能賜予灌頂，且他必須具有以下特點：上師已受即將要傳授的本尊灌頂；上師所受的灌頂必須要有不間斷的傳承；上師必須要完成此本尊的修持。

22 「佛身」的觀念是為了說明覺者的不同樣貌。有三類的分法：二身、三身，或四身。「二身」指的是法身（梵 Dharmakaya）和色身（梵 Rupakaya）。法身為覺悟的清淨覺性，是非化顯的面向，又稱實相身、究竟身、法性身等。色身則是覺者的化顯面向，又稱具相身。「三身」是將色身分為兩類：報身（梵 Sambhogakaya）和化身（梵 Nirmanakaya）。報身為覺者極為細微層次的化顯，可稱為「明」（luminous）、樂受身、受用身等。化身則是例如人身這類一般物質層次的覺者化顯，又稱為化現身等。「四身」則在「三身」之外加上自性身。嚴格來說，自性身並非真正的第四身，而是用來強調前述的三身無二無別，且本質為一。

灌頂本身是以儀軌、觀想、持咒、手印，以及其他法器的運用來進行。

灌頂可以是針對一般大眾的灌頂（例如度母的灌頂），前提是接受灌頂者必須已經皈依三寶，且希望得到此灌頂。灌頂也可以針對一小群人，或甚至針對一個人給予。

8 度母的灌頂

同一個本尊，根據不同的傳承、續法或個人修持的程度，有各種不同的灌頂。就度母而言，有外修持、內修持以及密修持，每個都需要接受灌頂。

給予一般大眾的度母灌頂是屬於事續部的外修持灌頂，嚴格來說，當中包括稱為「開許」（授權）的儀式，可分為三個部分：（本尊）身的開許、語的開許，以及意的開許。

- 經由本尊的身開許，弟子淨除身的過失與遮障（也就是因身的惡業所造成的過失與遮障）。灌頂後，弟子可以觀想本尊之身，也就是可自觀度母的形相。就灌頂儀式來說，除了各種觀想以外，還須以儀軌寶瓶來賜予身的授權。上師會將法會寶瓶（藏 bumpa）放置在弟子頭上，之後弟子以手盛接幾滴寶瓶水並喝下。
- 經由本尊的語開許：弟子淨除語的過失與遮障，可以持誦度母的真言。就灌頂儀式來說，是以念珠作為輔助，重複持誦真言而賜予語的授權。

- 經由本尊的意開許：弟子淨除意的過失與遮障。這是以度母手中所持的蓮花作為表徵來賜予。灌頂後弟子即可修持本尊法之禪定（梵 samadhi，三摩地）。

由於這些步驟給予弟子觀想本尊、持誦本尊真言以及本尊禪修的力量（藏 wang），因此灌頂的儀式也稱為「授權」（藏 wang kur），這是藏語中表示灌頂的特別詞彙。

度母的其他灌頂，特別是較高續法中的灌頂，其進行方式略有不同，也比較複雜。

問：意的開許讓弟子可以「將心專注於本尊的禪修」，這裡的禪修指的是什麼？

仁波切答：本尊的禪修可以應用在不同的方面：一方面，心清楚觀想本尊的身、衣、嚴飾、特徵法器，以及心間的種子字，這是一種禪修。另一方面，且是主要的部分，是禪修自心與本尊心無二無別，本然自在，既不造作，也不散亂。這就等於是大手印禪修。

問：就觀音法而言，即使沒有接受灌頂，也能持誦其真言。度母也是一樣嗎？

仁波切答：在較高的續部中，若未接受灌頂便不能觀想本尊身或持誦真言。

但是，對於像是觀音或度母等本尊，因為代表佛的所有事業，我們認為只要對祂們具有信心，即使尚未接受灌頂，也可以向祂們祈請並持誦真言。這是有利益的。但是，若能接受灌頂，修持的結果會更好。

第四章　禮讚文

1　關於禮讚文的翻譯

《聖救度佛母二十一種禮讚經》是度母法門中最常用到的祈請文。極少有西藏人未將此禮讚文牢記於心，即使是不識字的農夫，持誦此禮讚文的次數也不亞於寺院中的僧眾。

此禮讚文取自一度母續。依前述，「續」均為極簡略而難理解的文字，內藏甚深密意，且可有多種解譯方式。故而此禮讚文的藏文譯本若不加以註解，實為無法理解的文句。由於特定文句在不同註解本中的詮釋不一定相同，故可能出現數種翻譯。此處我們是以多羅那他的註解本為依據而翻譯此禮讚文。因此，波卡仁波切對此禮讚文的解釋，並非意指以其他註解本為參考依據的翻譯有誤。同樣的，讀者也不應因看到其他譯本而認為此譯本有誤。

此禮讚文若全數以逐字翻譯，便幾乎無法看懂，一方面因原來的句法極為抽象且難以捉摸，另一方面則文句可能因而充滿了副詞贅字，例如「完善地」、「全然地」、「圓滿地」等等。藏語中有許多此類的修飾詞，但我們不得不說大部分是為了填滿一個句子的字數，並無特別的意義。我們已盡可能讓翻譯忠於原文且意義正確，同時又保有文句的和諧優美（因禮讚文本身即意指文字的供養），否則將使此禮讚文失去部分的價值。

在翻譯這個禮讚文之時，我們並未嘗試將文字的隱含意義翻譯得更加明顯。在某些文句的表達上，我們保留了原文簡略的文風，因此譯文本身有時也如原文般難以理解，必須經過解釋才能揭示其中的密意。

2 禮讚文的出處

《聖救度佛母二十一種禮讚經》並非源自人間的經典，而是出自《度母續王：七百意》[23]。

前面我們已經了解，續法存在於諸佛心意的遍智之中，超越時間概念與所有顯現，諸佛並於因緣成熟時演說續法。包含此禮讚文之續據說是由大日如來佛之頂髻[24]所出，而非由其口所宣說。

此禮讚文最初以梵語寫下，之後譯為藏文，與其出處之續一起納入藏文大藏經《甘珠爾》的一部分。

由於此禮讚文一般人無法理解，故有許多註解本的出現，以闡明其意義。這些註解本各持不同的觀點，提供了差異頗大的解釋。我們在此謹以多羅那他的註解本作為開示的依據。

多羅那他是十七世紀（一五七五——一六三八）的西藏著名學者，他因精通梵語而聞名，並為藏人寫了一本梵文的文法書。他本人從未去過印度，而是延請四位偉大的印度學者至他的寺院中，親自向他們學習。人們認為他過去世曾多次在印度生為學者，因而在心相續中留下習氣，使他對梵文的研讀分外容易。

他是一位多產的作家，最著名為翻譯續法，留下許多與度母相關的著作，並寫下多部時輪金剛的釋論，這些著作都受到他所帶領的覺囊教派（Jonang）的重視。

23　藏文ཁྱབ་པ་མཆོག་ཁྱད་ཀྱི་ཁབ་བཟོད་པ་འབྱུང་ན་ཁྱབ。

24　佛能用一般的方式開示續法，也可從頂髻（梵 Ushnisha）開示續法。如佛頂尊勝佛母（梵 Ushnishavijaya，藏 Namgyalma）或大白傘蓋佛母（梵 Sitatapattra，藏 Dukkar）等其他續法，也是從佛的頂髻所出。

《二十一聖救度佛母禮讚文》

༄༅། །ཨོཾ་རྗེ་བཙུན་མ་འཕགས་མ་སྒྲོལ་མ་ལ་ཕྱག་འཚལ་ལོ།

嗡，敬禮無上尊貴救度母。

།ཕྱག་འཚལ་ཏཱ་རེ་མྱུར་མ་དཔའ་མོ།
ཏུཏྟཱ་ར་ཡིས་འཇིགས་པ་སེལ་མ།
།ཏུ་རེས་དོན་ཀུན་སྦྱིན་པའི་སྒྲོལ་མ།
།སྭཱ་ཧཱའི་ཡི་གེར་ཁྱོད་ལ་འདུད་དོ།

敬禮達列迅速勇毅者，
以嘟達列驅散諸恐懼，
尊以嘟列帶來諸利益，
在您梭哈尊前我敬禮。

།ཕྱག་འཚལ་སྒྲོལ་མ་མྱུར་མ་དཔའ་མོ།
།སྤྱན་ནི་སྐད་ཅིག་གློག་དང་འདྲ་མ།
།འཇིག་རྟེན་གསུམ་མགོན་ཆུ་སྐྱེས་ཞལ་གྱི།
།གེ་སར་བྱེ་བ་ལས་ནི་བྱུང་མ།

敬禮迅速勇毅救度母，
尊之目光猶如雷電光，
無量蓮蕊之間所生起，
三界護佑者之蓮花面。

།ཕྱག་འཚལ་སྟོན་ཀའི་ཟླ་བ་ཀུན་ཏུ།
།གང་བ་བརྒྱ་ནི་བརྩེགས་པའི་ཞལ་མ།
།སྐར་མ་སྟོང་ཕྲག་ཚོགས་པ་རྣམས་ཀྱིས།
།རབ་ཏུ་ཕྱེ་བའི་འོད་རབ་འབར་མ།

敬禮女性本尊汝之面，
猶如秋天一百之滿月，
殊勝光芒照耀於天際，
超勝千般星辰俱閃爍。

ཕྱག་འཚལ་གསེར་སྔོ་ཆུ་ནས་སྐྱེས་ཀྱི།
།པདྨས་ཕྱག་ནི་རྣམ་པར་བརྒྱན་མ།
།སྦྱིན་པ་བརྩོན་འགྲུས་དཀའ་ཐུབ་ཞི་བ།
།བཟོད་པ་བསམ་གཏན་སྤྱོད་ཡུལ་ཉིད་མ།

敬禮女性本尊汝之手，
持有藍金色之水生蓮，
尊能行使布施與精進，
持戒智慧忍辱與禪定。

།ཕྱག་འཚལ་དེ་བཞིན་གཤེགས་པའི་གཙུག་ཏོར།
།མཐའ་ཡས་རྣམ་པར་རྒྱལ་བ་སྤྱོད་མ།
།མ་ལུས་ཕ་རོལ་ཕྱིན་པ་ཐོབ་པའི།
།རྒྱལ་བའི་སྲས་ཀྱིས་ཤིན་ཏུ་བསྟེན་མ།

敬禮如來頂髻之母尊，
受用無量無邊與最勝，
世之勝者佛子所信賴，
成就一切圓滿到彼岸。

།ཕྱག་འཚལ་ཏུཏྟཱ་ར་ཧཱུྃ་ཡི་གེས།
།འདོད་དང་ཕྱོགས་དང་ནམ་མཁའ་གང་མ།
།འཇིག་རྟེན་བདུན་པོ་ཞབས་ཀྱིས་མནན་ཏེ།
།ལུས་པ་མེད་པར་འགུགས་པར་ནུས་མ།

敬禮以嘟達拉與吽字，
充滿欲界虛空十方尊，
母尊以足力踏七世界，
具足大力召喚一切眾。

།ཕྱག་འཚལ་བརྒྱ་བྱིན་མེ་ལྷ་ཚངས་པ།
།རླུང་ལྷ་སྣ་ཚོགས་དབང་ཕྱུག་མཆོད་མ།
།འབྱུང་པོ་རོ་ལངས་དྲི་ཟ་རྣམས་དང་།
།གནོད་སྦྱིན་ཚོགས་ཀྱིས་མདུན་ནས་བསྟོད་མ།

敬禮天神所敬之母尊，
帝釋火神梵天與風神，
羅剎起屍尋香等鬼神，
地方藥叉諸眾所禮讚。

།ཕྱག་འཚལ་ཏྲཊ་ཅེས་བྱ་དང་ཕཊ་ཀྱིས།
།ཕ་རོལ་འཁྲུལ་འཁོར་རབ་ཏུ་འཇོམས་མ།
།གཡས་བསྐུམས་གཡོན་བརྐྱང་ཞབས་ཀྱིས་མནན་ཏེ།
།མེ་འབར་འཁྲུགས་པ་ཤིན་ཏུ་འབར་མ།

敬禮特瑞和呸之母尊，
能夠消滅惡劣陰謀者，
右足彎曲左足伸展踏，
光耀火焰之中熾燃照。

།ཕྱག་འཚལ་ཏུ་རེ་འཇིགས་པ་ཆེན་མོ། 敬禮嘟列極為怖畏尊，
།བདུད་ཀྱི་དཔའ་བོ་རྣམ་པར་འཇོམས་མ། 全然戰勝一切魔軍眾，
།ཆུ་སྐྱེས་ཞལ་ནི་ཁྲོ་གཉེར་ལྡན་མཛད། 母尊以其蓮花面蹙眉，
།དགྲ་བོ་ཐམས་ཅད་མ་ལུས་གསོད་མ། 殲滅一切敵眾盡無餘。

།ཕྱག་འཚལ་དཀོན་མཆོག་གསུམ་མཚོན་ཕྱག་རྒྱའི། 敬禮手結三寶印母尊，
།སོར་མོས་ཐུགས་ཀར་རྣམ་པར་བརྒྱན་མ། 諸手指於胸前為莊嚴，
།མ་ལུས་ཕྱོགས་ཀྱི་འཁོར་ལོ་བརྒྱན་པའི། 尊以自身光明來照耀，
།རང་གི་འོད་ཀྱི་ཚོགས་རྣམས་འཁྲུག་མ། 莊嚴十方一切輪無餘。

།ཕྱག་འཚལ་རབ་ཏུ་དགའ་བ་བརྗིད་པའི། 敬禮圓滿喜樂之母尊，
།དབུ་རྒྱན་འོད་ཀྱི་ཕྲེང་བ་སྤེལ་མ། 寶冠光明放射如光鬘，
།བཞད་པ་རབ་བཞད་ཏུཏྟ་རེ་ཡིས། 尊以大笑聲和嘟達拉，
།བདུད་དང་འཇིག་རྟེན་དབང་དུ་མཛད་མ། 威鎮諸魔世間一切眾。

།ཕྱག་འཚལ་ས་གཞི་སྐྱོང་བའི་ཚོགས་རྣམས། 敬禮具足召喚大力者，
།ཐམས་ཅད་འགུགས་པར་ནུས་མ་ཉིད་མ། 母尊乃是土地護神主，
།ཁྲོ་གཉེར་གཡོ་བའི་ཡི་གེ་ཧཱུྃ་གིས། 尊以吽與前額蹙眉動，
།ཕོངས་པ་ཐམས་ཅད་རྣམ་པར་སྒྲོལ་མ། 度脫所有厄運悉無餘。

།ཕྱག་འཚལ་ཟླ་བའི་དུམ་བུས་དབུ་བརྒྱན། 敬禮寶冠如新月母尊，
།བརྒྱན་པ་ཐམས་ཅད་ཤིན་ཏུ་འབར་མ། 莊嚴寶飾悉皆明耀照，
།རལ་པའི་ཁྲོད་ནས་འོད་དཔག་མེད་ལས། 頂髻阿彌陀佛無量光，
།རྟག་པར་ཤིན་ཏུ་འོད་རབ་མཛད་མ། 毫不間斷傳揚於各處。

།ཕྱག་འཚལ་བསྐལ་པ་ཐ་མའི་མེ་ལྟར། 敬禮安住環鬘之母尊，
།འབར་བའི་ཕྲེང་བའི་དབུས་ན་གནས་མ། 燃耀猶如時盡之劫火，
།གཡས་བརྐྱངས་གཡོན་བསྐུམས་ཀུན་ནས་བསྐོར་དགའ། 雙足右展左蜷以旋繞，
།དགྲ་ཡི་དཔུང་ནི་རྣམ་པར་འཇོམས་མ། 賜予喜樂殲滅諸敵軍。

།ཕྱག་འཚལ་ས་གཞིའི་ངོས་ལ་ཕྱག་གི། 敬禮以手掌擊大地母，
།མཐིལ་གྱིས་བསྣུན་ཅིང་ཞབས་ཀྱིས་བརྡུང་མ། 並以尊之足力踏大地，
།ཁྲོ་གཉེར་ཅན་མཛད་ཡི་གེ་ཧཱུྃ་གིས། 雙眉蹙額母尊以吽字，
།རིམ་པ་བདུན་པོ་རྣམས་ནི་འགེམས་མ། 撼動地下七重之世界。

།ཕྱག་འཚལ་བདེ་མ་དགེ་མ་ཞི་མ། 敬禮安樂善德寂靜尊，
།མྱ་ངན་འདས་ཞི་སྤྱོད་ཡུལ་ཉིད་མ། 超越諸苦寂靜之母尊，
།སྭཱ་ཧཱ་ཨོཾ་དང་ཡང་དག་ལྡན་པས། 以梭哈和嗡字清淨性，
།སྡིག་པ་ཆེན་པོ་འཇོམས་པ་ཉིད་མ། 征服極惡有害諸行徑。

།ཕྱག་འཚལ་ཀུན་ནས་བསྐོར་རབ་དགའ་བའི། 敬禮圓滿眷屬喜樂尊，
།དགྲ་ཡི་ལུས་ནི་རབ་ཏུ་འགེམས་མ། 摧毀敵眾身軀之母尊，
།ཡི་གེ་བཅུ་པའི་ངག་ནི་བཀོད་པའི། 由吽咒字所生救度者，
།རིག་པ་ཧཱུྃ་ལས་སྒྲོལ་མ་ཉིད་མ། 傳布真言十字之咒音。

།ཕྱག་འཚལ་ཏུ་རེའི་ཞབས་ནི་བརྡབས་པས། 敬禮以足踏之嘟列者，
།ཧཱུྃ་གི་རྣམ་པའི་ས་བོན་ཉིད་མ། 母尊以吽為其種子字，
།རི་རབ་མནྡ་ར་དང་འབིགས་བྱེད། 搖撼須彌山與曼達拉，
།འཇིག་རྟེན་གསུམ་རྣམས་གཡོ་བ་ཉིད་མ། 岡底斯山以及三世界。

།ཕྱག་འཚལ་ལྷ་ཡི་མཚོ་ཡི་རྣམ་པའི། 敬禮手持兔影月母尊，
།རི་དྭགས་རྟགས་ཅན་ཕྱག་ན་བསྣམས་མ། 月形猶如天神之天湖，
།ཏཱ་ར་གཉིས་བརྗོད་ཕཊ་ཀྱི་ཡི་གེས། 尊以二反誦達拉和呸，
།དུག་རྣམས་མ་ལུས་པར་ནི་སེལ་མ། 全然驅散毒害盡無餘。

།ཕྱག་འཚལ་ལྷ་ཡི་ཚོགས་རྣམས་རྒྱལ་པོ། 敬禮天眾輪王所敬母，
།ལྷ་དང་མིའམ་ཅི་ཡིས་བསྟེན་མ། 山水地神緊那羅所崇，
།ཀུན་ནས་གོ་ཆ་དགའ་བའི་བརྗིད་ཀྱིས། 尊以光輝喜樂為盔甲，
།རྩོད་དང་རྨི་ལམ་ངན་པ་སེལ་མ། 摧滅衝突以及惡夢境。

།ཕྱག་འཚལ་ཉི་མ་ཟླ་བ་རྒྱས་པའི།	敬禮雙眼光明之母尊，
།སྤྱན་གཉིས་པོ་ལ་འོད་རབ་གསལ་མ།	具足大日月照之輝耀，
།ཧ་ར་གཉིས་བརྗོད་ཏུཏྟཱ་ར་ཡིས།	尊以哈喇以及嘟達拉，
།ཤིན་ཏུ་དྲག་པོའི་རིམས་ནད་སེལ་མ།	消除惡毒瘟疫流行病。

།ཕྱག་འཚལ་དེ་ཉིད་གསུམ་རྣམས་བཀོད་པས།	敬禮具三真實之母尊，
།ཞི་བའི་མཐུ་དང་ཡང་དག་ལྡན་མ།	圓滿持有息災之大力，
།གདོན་དང་རོ་ལངས་གནོད་སྦྱིན་ཚོགས་རྣམས།	魑魅魍魎羅剎藥叉眾，
།འཇོམས་པ་ཏུ་རེ་རབ་མཆོག་ཉིད་མ།	盡皆聽命嘟列至尊主。

།རྩ་བའི་སྔགས་ཀྱི་བསྟོད་པ་འདི་དང་།	此為根本咒語之讚文，
།ཕྱག་འཚལ་བ་ནི་ཉི་ཤུ་རྩ་གཅིག	和二十一度母禮讚文。

3 如何持誦禮讚文

度母的禮讚文最主要是讚誦度母的偉大。度母的本質為般若波羅蜜多，此乃諸佛之源，或諸佛之「母」。度母也是一切諸佛菩薩事業的總集，其身語意功德廣大無量，因此值得讚歎。

我們在持誦禮讚文時，要思惟從自身變化出無數無量類似於自己的身相，一起頂禮並持誦禮讚文。我們的心極度恭敬並深具信心，祈請本尊護佑，離於輪迴中的所有痛苦與恐懼，並圓滿我們的所願。在語的方面則一邊持誦禮讚文，一邊思惟宇宙間所有悅耳的聲音都伴隨著禮讚文。

持誦禮讚文時，必須生起強烈的虔敬心，對度母有絕對的信任，發自內心而請求道：「請護佑我們！」

如此，我們將得到度母的加持，得以清淨罪障並累積福德，受到保護，並能圓滿我們的願望。

4 禮讚文的講釋

開經偈

嗡，敬禮無上尊貴救度母。
敬禮達列迅速勇毅者，
以嘟達拉驅散諸恐懼，
尊以嘟列帶來諸利益，
在您梭哈尊前我敬禮。

此偈並非續文的一部分，而是後世的人所加入，不屬於二十一禮讚文的其中一偈。由於此偈包含度母真言「嗡 達列 嘟達列 嘟列 梭哈」在其中，有時稱為「心咒祈請文」。意義如下：

- 嗡：為度母心咒的第一個咒字，因此偈誦也以嗡作為開始。
- 尊：在藏語中分兩個音節（je 傑 —— tsun 尊），各有其含意，第一個字意思是「尊勝」，第二個字意思是「王后」。
  - 「尊勝」意思指以度母作為所有皈依對象中的主要對象。
  - 「王后」這裡指的是「無垢染」。
- 聖：度母較所有世俗外相與輪迴眾生更超凡入聖。

- **救度母**：度母依其事業令輪迴眾生遠離痛苦，安立於安樂之境。救度母也是「度母」二字的意思。
- **達列**：度母心咒的一部分，重複稱頌其名號。
- **迅速**：由於大悲心所致，度母救度眾生之時動作迅速，毫不遲疑。
- **勇毅**：度母護佑眾生遠離痛苦，不論是以暫時或究竟的方法，都有無限的勇氣，毫不脆弱。
- **嘟達拉**：心咒的一部分。
- **驅散諸恐懼**：度母護佑並去除輪迴中眾生的恐懼。
- **嘟列**：心咒的一部分。
- **帶來諸利益**：度母賜予眾生各種利益，不論是暫時或究竟的利益。
- **梭哈**：心咒的最後一部分。
- **我敬禮**：我以身、口、意禮敬。

第一偈

敬禮迅速勇毅救度母，
尊之目光猶如雷電光，

無量蓮蕊之間所生起，
三界護佑者之蓮花面。

此偈表示度母能受到禮讚，是因為祂具足證悟之心的三種功德：大愛、大力、大智。

- **迅速**：首先，度母以慈悲心迅速成就眾生的利益，是其大愛的象徵。
- **勇毅**：度母毫無恐懼且毫不脆弱，護佑眾生離於一切危難，顯示其具有大力。
- **目光猶如雷電光**：度母具有本初智的慧眼，其智慧之生起如剎那電光，使其具有看見和了知所有現象的能力。
- **救度母**：由於大愛、大力、大智，度母令輪迴眾生遠離痛苦，安立於安樂之境。因此被稱為「救度者」。以下兩句偈誦提及度母的生源，是從相對層次的角度來談。
- **三界護佑者**：指觀世音菩薩，祂所觀照的三個世界為地下、地面，以及地面以上的世界，也就是各類眾生。
- **蓮華面**：蓮花（字面意義為「水生」）指美妙；此譬喻強調觀世音菩薩顏面之莊嚴。
- **無量蓮蕊之間所生起**：繼續前一句的譬喻。

這兩句也暗喻度母從觀世音菩薩淚珠所化生的故事。除了此字面意義之外，多羅那他也以勝義諦來解釋：**三界護佑者**指法身，而度母代表從法身所顯現的色身。

第二偈

敬禮女性本尊汝之面，
猶如秋天一百之滿月，
殊勝光芒照耀於天際，
超勝千般星辰俱閃爍。

- 汝之面，猶如秋天一百之滿月：度母面容之光澤有如一百個秋天的滿月般明亮。在印度，秋季夜晚的月亮通常特別明亮；夏季（雨季）的天空經常烏雲密布且氣候潮濕；冬季塵霧飛揚而天空稍受遮蔽；秋季的天空則特別清澈。
- 超勝千般星辰俱閃爍：前二句讚美度母顏面的明亮，後二句則以閃耀的星辰比喻度母身相的光輝。

第三偈

敬禮女性本尊汝之手，
持有藍金色之水生蓮，
尊能行使布施與精進，
持戒智慧忍辱與禪定。

- **藍金色之水生蓮**：水生比喻蓮花，花朵是藍色，而花梗是金色。下二句指度母圓滿具足菩薩的六波羅蜜多。
- **布施**：布施波羅蜜多。
- **精進**：精進波羅蜜多。
- **持戒**：指持戒波羅蜜多。
- **智慧**：指智慧波羅蜜多（般若波羅蜜多）。
- **忍辱**：忍辱波羅蜜多。
- **禪定**：禪定波羅蜜多。

第四偈

敬禮如來頂髻之母尊，
受用無量無邊與最勝，
世之勝者佛子所信賴，
成就一切圓滿到彼岸。

- **如來頂髻之母尊**：據說度母禮讚文是出自大日如來佛之頂髻，而非由大日如來佛以口宣說。如來頂髻乃諸佛皆有，可指佛的頂髻，也可比喻由頂髻所出之禮讚文，以及所禮讚之對象——度母。

- **無量無邊**：指禮讚文之功德利益。持誦此禮讚文時，度母將圓滿我們的所求。
- **最勝**：持誦此禮讚文，將能克服所發生的一切逆緣障礙。無邊之利益與我們之所求有關，而最勝則與度母幫助我們戰勝恐懼和危險有關。
多羅那他的註釋，用以下方式解釋此偈的首二句：敬禮［受持大日佛］如來頂髻［所出真言的祂］，敬禮受用無邊［利益］及［以真言克服所有逆境之］最勝利［的祂］。多羅那他於此使用「真言」一詞，但似乎所指為禮讚文，而非真言本身。
- **世之勝者佛子**：祂們都是十地菩薩，稱為佛（勝者）之子。
- **一切圓滿**：指十波羅蜜多，即前一偈中之六波羅蜜多（布施、持戒、忍辱、精進、禪定、智慧），加上以下四波羅蜜多：
  - 方便波羅蜜多
  - 願波羅蜜多
  - 力波羅蜜多
  - 智波羅蜜多

第五偈

敬禮以嘟達拉與吽字，

充滿欲界虛空十方尊，

母尊以足力踏七世界，
具足大力召喚一切眾。

- **嘟達拉與吽**：度母心咒之咒字，以成辦偈中提及之事業。
- **欲界**（又稱：聲愛）：佛教的宇宙觀將可能存在的眾生分為三個世界，也就是欲界（地獄道、餓鬼道、畜生道、人道、非人或阿修羅，以及天道的部分眾生）、色界（天道中具較微細色身的眾生）、無色界（天道中具更微細色身的眾生）。「欲界」指這三界中的第一個部分。
- **虛空**：包括色界與無色界。**欲界**與**虛空**指我們所在的宇宙，也就是今天所說的太陽系。
- **十方**：從無垠虛空中演化出無量宇宙，每個宇宙都有欲界、色界、無色界（因此有許多太陽系）。度母的事業在十方（四方、四隅、上方、下方）、每個宇宙中皆有，不僅限於我們的世界。
- **七世界**：七類眾生所居住的七重世界。
  - 龍族：水、海中以及河川、溪流中的靈體。
  - 餓鬼：無時不在飢餓中的一類眾生。
  - 阿修羅（半天）：具有大力、傲慢且好戰的眾生。
  - 人類。
  - 持明（智慧的持有者）：這裡似乎是指已發展出瑜伽神通力但尚未解脫者，屬於非人類層次的眾生。

- 緊那羅：馬頭人身的眾生。
- 天人：三界（欲界、色界、無色界）的天人或天神眾。
- **以足力踏七世界和大力召喚一切眾**：比喻度母以其大力能輕易指揮七個世界。祂可以召喚這些眾生，並以其慈悲之事業保護他們：驅除眾生蒙受的有害狀況、救度其免於受苦，以及安置他們於安樂之境。

第六偈

敬禮天神所敬之母尊，
帝釋火神梵天與風神，
羅剎起屍尋香等鬼神，
地方藥叉諸眾所禮讚。

前二句藉由印度教大神祇對度母的尊崇，表示度母的偉大。

- **帝釋**（梵 Indra）：眾神之王。
- **火神**（梵 Agni）：統治仙人族的火神。
- **梵天**（梵 Brahma）：創造宇宙者。

- 風神（梵 Vayu）：保護作品和藝術的風神。
- 鬼神：其他印度教神祇。

後二句指居住於阿修羅道或餓鬼道，經常障礙佛教的眾生，它們對度母所獻的禮敬。

- 羅剎：鬼神，稱為羅剎（梵 Rakshasa）的一些眾生。[25]
- 起屍：飲血鬼神，侵佔人屍、吸取人血的鬼神。
- 尋香：食取燒香之樂神（梵 Gandharva，乾達婆）。
- 地方藥叉諸眾：由毗沙門天王（梵 Vaisravana，藏 Namthose）[26]統治的眾生（梵 Yaksha，又稱夜叉）。

第七偈

敬禮特瑞和呸之母尊，
能夠消滅惡劣陰謀者，
右足彎曲左足伸展踏，
光耀火焰之中熾燃照。

25 譯註：古譯部多應由梵語 bhut 而來，為印度教神話中的一種好動的精靈。
26 譯註：北方多聞天王，受軍人遵崇為「軍神」等。

- **特瑞和呸**：度母成辦此偈中所指事業之時，所用的咒字（藏語唸為「特瑞」——「特」為輕音，和「呸」）。這兩個咒字與忿怒事業有關。
- **惡劣陰謀**：對於意圖使用武器、毒藥、咒術等方法傷害眾生或佛法的敵人，度母有力量能擊退其陰謀。
- **右足彎曲左足伸展踏**：為了擊退敵人，度母不僅持「特瑞」和「呸」咒字，並現忿怒身態。祂以左足站立，彎曲右足並伸展左足，以踩住惡意的鬼神，而使他們降服。
- **光耀火焰之中熾燃照**：度母的身軀有如烈火般燃燒，並放射出巨大火焰。此火焰能迫使閻魔（死神）和其他危及我們性命的鬼神逃離，並包圍而保護我們。

第八偈

敬禮嘟列極為怖畏尊，
全然戰勝一切魔軍眾，
母尊以其蓮花面蹙眉，
殲滅一切敵眾盡無餘。

- **嘟列**：梵語「快速」的意思，也是度母的特性；另外也指度母心咒的一部分；度母運用這部分的力量行使祂的事業。

- **極為怖畏尊**：度母的本質是寂靜的，但是當情勢所需時，祂可以顯現令人害怕的忿怒大力相。
- **全然戰勝**：因為以寂靜的姿態無法降服魔軍，故度母以忿怒的姿態消滅魔軍。
- **魔軍眾**：障礙善行與佛法，以及造成現在以及未來痛苦的族類。
- **以其蓮花面蹙眉**：前兩句指度母顯現忿怒之身姿，第三句指度母的面容也顯現皺眉之忿怒相。
- **殲滅一切敵眾**：「**敵眾**」為上述所指造作不善業、障礙佛法的怨魔，「**殲滅**」指度母去除怨魔身心所具的傷害力。

多羅那他對此偈提出第二種解釋，不再探討外在的敵人，而是談及內在的敵人。

- **嘟列**：迅速走過更高的修行之道，證得佛的果位。
- **極為怖畏尊**：本初之覺性、樂空之雙運，這對福德不足之眾生來說是極為恐怖的。
- **魔軍眾**：（貪、瞋、嫉等）煩惱以及從之所生的妄念。
- **以其蓮花面蹙眉**：象徵本尊觀修的生起次第，也就是修行者自觀本尊之身並生起身為本尊佛慢的時刻。此「佛慢」可消滅煩惱，最終能令修行者證得大樂空性的智慧身——這是續法中的專有詞彙，與「法身」意義相同。
- **敵眾**：心的遮障，能以本初智來摧滅。這些遮障包括：
  - 煩惱障：證得初地菩薩之時，此障可得消除。
  - 所知障：此障於證得初地時開始消滅，直至證得佛果時完全去除。

第九偈

敬禮手結三寶印母尊，
諸手指於胸前為莊嚴，
尊以自身光明來照耀，
莊嚴十方一切輪無餘。

- 三寶印：一般的度母身相中，左手是持蓮花梗而結三寶印（三寶指佛、法、僧），但多羅那他對此處的三寶印有完全不同的解釋：雙手在胸前合掌，中指互按，其餘四指指尖彼此輕觸而稍彎曲，形成象徵三寶的蓮花花蕾，但此手印實際上稱為「蓮花印」。
- 諸手指於胸前：前述手印需將雙手放置於胸前。
- 以自身光明來照耀：度母雙手結蓮花印後，全身放射無量光芒。
- 莊嚴：度母身體向外放光芒，照耀並莊嚴整個世界。
- 十方一切輪：指遍布虛空的所有世界。據說久遠劫之前，度母曾手結蓮花印，並以咒語加持此手印，表示只要有人結此手印並持其咒語，祂就會立即降臨。度母的光明遍照宇宙，代表當有人持其咒語並向祂祈請時，祂就立即降臨[27]。

第十偈

敬禮圓滿喜樂之母尊，
寶冠光明放射如光鬘，
尊以大笑聲和嘟達拉，
威鎮諸魔世間一切眾。

- 圓滿喜樂：度母的身相令眾生心生圓滿歡喜。
- 寶冠光明：度母寶冠上裝飾著各式各樣的寶石，散發出光芒。
- 放射如光鬘：寶冠放射出之光芒形成環鬘狀的光，且不斷增長增廣。
- 以大笑聲和嘟達拉：度母用大笑與咒語制伏魔眾。
- 威鎮諸魔世間一切眾：魔眾或世間神祇統治了某些世界，而度母具有調伏他們的大力。

27 多羅那他所用的禮讚文中，第九偈第三句的「輪」，藏文為འཁོར་ལོ，因為沒有輔助尾字ས，所以可做此詮釋。但在另一個釋論中，此偈第三句有輔助尾字ས（འཁོར་ལོས），因此意義完全不同。故而羅絲瑪麗・夢果（Rose-Marie Mengual）以另一個釋論為基礎的譯本，將之翻譯為：「由她的（手中）（放射）出光芒，其中有照射十方之光作為莊嚴。」

第十一偈

敬禮具足召喚大力者，
母尊乃是土地護神主，
尊以吽與前額蹙眉動，
度脫所有厄運悉無餘。

- 召喚：強調度母的偉大；所有具大力的眾生都聽令於祂。
- 土地護神主：首先指一些稱為地神的天女，次則指統治人類的國王等。
- 尊以吽與前額蹙眉動：象徵度母大力的忿怒相，可以驅除所有的厄運。
- 度脫所有厄運悉無餘：衰敗或厄運，在這裡指「乏少安樂」，包括所有的匱乏，例如食物不夠、衣服不足、物資不具等等，也包括缺乏內在的安樂。度母救度眾生離於一切痛苦。

第十二偈

敬禮寶冠如新月母尊，
莊嚴寶飾悉皆明耀照，

頂髻阿彌陀佛無量光，
毫不間斷傳揚於各處。

前二句禮讚新月形的寶冠以及裝飾在度母身上、鑲嵌著寶石的裝飾品，向十方散發出光芒。

- **頂髻阿彌陀佛無量光**：在度母頭頂的髮髻中有阿彌陀佛（意為「無量光」），表示度母屬於蓮花部本尊，部主為阿彌陀佛。
- **毫不間斷傳揚於各處**：阿彌陀佛不斷放射出光芒，圍繞著度母。

第十三偈

敬禮安住環鬘之母尊，
燃耀猶如時盡之劫火，
雙足右展左蜷以旋繞，
賜予喜樂殲滅諸敵軍。

- **劫火**：根據傳統的宇宙觀，在一劫（宇宙世紀）之末，世界將被大火所燒毀。
- **雙足右展左蜷**：這並不表示度母一直保持固定的姿勢，而是指祂舞蹈時的雙腿動作。
- **旋繞**：度母站立著，「旋轉」（古譯為**普遍**，英譯為繞旋）表示其快速跳躍著各種舞姿。

- **賜予喜樂**：度母的舞姿能為眾生帶來喜悅。
- **殲滅諸敵軍**：這是度母舞姿的第二種作用，能摧毀惡意之人類或非人（鬼魅）[28]。

第十四偈

敬禮以手掌擊大地母，
並以尊之足力踏大地，
雙眉蹙額母尊以吽字，
撼動地下七重之世界。

- **以手掌擊大地母**：度母所做的完整手勢，先是雙手拍掌，然後擊地。這裡的「大地」指的是整個世界的表面。度母藉此手勢以及左足踏地，表示祂統領這整個世界。
- **以吽字**：度母從鼻子發出此咒字聲。
- **地下七重之世界**：多羅那他的註釋提出了地下七重世界的名字，但未說明其個別的特性。一般而言，地下七重世界是龍族、食人魔及其他族類的居所。

傳統的佛教宇宙觀中提到地球是平坦的圓盤，其上有海洋與大陸。這七重世界如下：

- 基底的層次。
- 基底上方的層次。
- 無基底的層次。
- 基底本身的層次。
- 重要精華基底的層次。
- 良善基底的層次。
- 清淨基底的層次。

第十五偈

敬禮安樂善德寂靜尊，
超越諸苦寂靜之母尊，
以梭哈和嗡字清淨性，
征服極惡有害諸行徑。

- 安樂、善德、寂靜：此為度母恆常不變的功德，而祂亦是透過這些特質來幫助眾生。
- 祂賜予眾生此世之安樂。

28 第十三偈第三句以དཞུ作為結束。在其他版本中，同樣的字寫為དཞྲ，因此解釋又不相同。請參見羅絲瑪麗・夢果（Rose-Marie Mengual）的翻譯：「右足伸展而左足彎曲的她，完全摧毀那些隨喜轉動法輪者的敵軍。」

- 祂令眾生成就善業，作為來世安樂之基礎。
- 對於具足福報的弟子，祂為其開示寂滅之道，也就是解脫的道路。
- **超越諸苦**：指超越痛苦的涅槃。如前所述，度母不僅已證得涅槃，並為其跟隨者指出證得涅槃的道路。前一句的「**安隱**」也可以指涅槃的道路，而第二句的「最樂」則是指證得涅槃。
- **梭哈和嗡**：度母所用的真言。
- **清淨性**：指這些真言的清淨，亦即其為絕對真實之語。這也說明真言的功德。
- **征服極惡有害諸行徑**：由祂所持誦的真言，能止息惡行本身，以及由惡行帶來的痛苦。

此釋論中有其他解釋，認為此處意指勝義諦之五智：

- **安樂**：妙觀察智。
- **善德**：大圓鏡智。
- **寂靜**：平等性智。
- **超越諸苦**：法界體性智。
- **征服極惡有害諸行徑**：成所做智。
- **梭哈和嗡**：度母之意，具足五種智慧，顯現為動態的「無畏之聲」或「空性之音」，這指的是度母的心咒。本尊的咒語在此處以「莎訶」和「嗡」來表示，這乃為法身的顯現。本尊與其真言實為不可分離。「嗡 達列 嘟達列 嘟列 莎訶」的心咒與度母無二無別。

第十六偈

敬禮圓滿眷屬喜樂尊，
摧毀敵眾身軀之母尊，
由吽咒字所生救度者，
傳布真言十字之咒音。

- 圓滿眷屬喜樂尊：度母的悲心令菩薩、得證之金剛乘行者、修行人，以及祂的一般追隨者自然生起喜悅。「普遍」指其眷屬無數無量且遍佈十方。[29]
- 敵眾：反對佛法修行的人，或也指眾生心中的煩惱情緒。
- 吽：度母由此種子字化現出忿怒相。寂靜相度母的種子字為「當母，Tam」。
- 真言十字之咒音：度母的真言「嗡 達列 嘟達列 嘟列 梭哈」被認為與度母無二無別。從種子字化現出真言或本尊。

29 在藏文原文中，第十六偈第一句的最後一字結尾為屬格，表示後續有一未寫出之補語。多羅那他在其釋論中解釋，此補語為「慈悲心」[illegible]，此解釋亦符合他對全偈之詮釋。

第十七偈

敬禮以足踏之嘟列者，
母尊以吽為其種子字，
搖撼須彌山與曼達拉，
岡底斯山以及三世界。

- 嘟列：梵語，意指「迅速」，也是度母的名稱之一（速疾母）。
- 足踏：指度母在這裡顯現為忿怒相。
- 須彌山：即佛教宇宙觀中作為世界中軸的山。
- 曼達拉：一座山。
- 岡底斯山：西藏西部的一座聖山（kailash音譯：凱拉西），佛教徒認為是勝樂輪金剛的壇城，印度教徒則認為是濕婆神的居所。
- 三世界：指地面、地下與地上。

第十八偈

敬禮手持兔影月母尊，

月形猶如天神之天湖，
尊以二反誦達拉和呸，
全然驅散毒害盡無餘。

- 兔影月：指月亮。東方人認為月亮上有清晰的野兔影，且兔子的兩耳直直向上豎起。
- 天神之天湖：將月亮比喻為非常圓而美麗的湖，湖中有清澈、新鮮的白色水。
- 達拉和呸：度母用來解除毒害的咒語。
- 驅散毒害：毒害有兩種，包括「不可移動的」（礦毒與草毒）以及「可以移動的」（有毒動物或危險動物，例如患有狂犬病的狗）。

第十九偈

敬禮天眾輪王所敬母，
山水地神緊那羅所崇，
尊以光輝喜樂為盔甲，
摧滅衝突以及惡夢境。

- 天眾：欲界天神，居住在須彌山上方的六重天。

- **輪王**：指統治整個宇宙的轉輪聖王，以及其他國王。
- **山水地神**：指居住在山裡、湖裡或森林裡的地方神祇。
- **所崇**：上述的大力神眾拜倒在度母足下，以顯示他們的忠誠。
- **緊那羅**（梵 Kinnara）：馬頭人身的樂師。
- **盔甲**：對於修持度母法門的人，度母所加持的咒語以及所結的手印賜予有如冑鎧般堅固的保護。
- **喜樂**：此冑鎧讓穿著著它的人心中具有歡喜和安樂。
- **光輝**：此冑鎧讓身、語都散發光輝。
- **摧滅衝突以及惡夢境**：此冑鎧的另一個效益，是來自度母的咒語和手印。

第二十偈

敬禮雙眼光明之母尊，
具足大日月照之輝耀，
尊以哈喇以及嘟達拉，
消除惡毒瘟疫流行病。

- **雙眼光明**：度母悲眼的光輝，使下三道及其他世界的眾生從痛苦中解脫，並安置他們於安樂之境。
- **哈喇以及嘟達拉**：度母用以驅除傳染病的咒語。

除了字面意義之外，多羅那他提出較為一般的解釋如下：

- **哈喇以及嘟達拉**：代表持誦度母的咒語。
- **惡毒瘟疫流行病**：煩惱情緒（憤怒——瞋、貪執——貪、盲目——癡、驕傲——慢、嫉妒——疑等）。
- **雙眼光明之母尊，具足大日月照之輝耀**：度母右眼的目光令暴戾眾生心生恐懼，並如烈日般燒盡惡行與痛苦；左眼的目光有如月亮流洩而出的甘露，賜予眾生活力、財富與安樂。

第二十一偈

敬禮具三真實之母尊，
圓滿持有息災之大力，
魑魅魍魎羅剎藥叉眾，
盡皆聽命嘟列至尊主。

多羅那他以續法的四種詮釋方法，依序解釋此偈誦。

字面意義

- **三真實**：三種「如是」（或「真如」），或了悟的功德。
  - ‧基：空性。
  - ‧道：不相信現象實有。
  - ‧果：無有所願、不具期望。
- **具**：以三真實引導眾生至真實的安樂與圓滿證悟之境界
- **圓滿持有息災之大力**：由於具足三真實，度母能去除眾生之二障（煩惱障與所知障），並安立眾生於證悟之寂靜。
- **魑魅魍魎**：包含能造成疾病與其他困境的十八類鬼怪。
- **羅剎**：代表黑幻術的力量。
- **藥叉眾**：地方神祇。
- **嘟列**：迅速者。
- **至尊主**：度母能戰勝所有邪惡的起因。

共通意義

- **三真實**：度母身相三處（額、喉、心）的三種子字「嗡」、「阿」、「吽」（身、語、意之精髓）。
- **息災之大力**：護佑眾生免於任何障礙的力量。

隱含意義

- **三真實**：指那洛六法中光明顯現的三個階段 —— 顯、增與得。
- **具**：指上述三階段的逐一展現。
- **息災之大力**：剎那究竟空性之寂靜，以及三個階段所顯現的光明。
- **魑魅魍魎**：微細的脈（梵 nadi）。
- **羅剎**：與微細的風息一起在脈中流動的明點（梵 bindu）。
- **藥叉眾**：消失於光明中的念頭。

究竟意義

- **三真實**：身金剛、語金剛、意金剛。「金剛」在這裡指究竟證悟的佛果。
- **具**：此三金剛為所有外顯的本初自性。
- **圓滿持有息災之大力**：由於自本初以來即有此三金剛，從此時起這三金剛即為證悟的涅槃寂靜，因此修行者以自身不離此三金剛之境來禪修。

- 魑魅魍魎：痛苦。
- 羅剎：業。
- 藥叉眾：煩惱情緒。
- 至尊：一旦戰勝痛苦、業力以及煩惱情緒時，即證得本初之覺性，也就是大樂。

末偈

此為根本咒語之讚文，

和二十一度母禮讚文。

- 根本咒語：度母心咒「嗡 達列 嘟達列 嘟列 梭哈」在整個禮讚文中不斷出現。
- 二十一度母禮讚文：每一偈均以「敬禮」作為開始。

第五章　佛教與女性

度母除了是女性的本尊之外，也是以女性之身證得佛果的菩薩。

女性在佛教中的地位通常看來低於男性，例如在度母前生般若月公主的典故中，出家比丘就毫不猶豫而誠懇地建議公主，要為自己的利益而發願來世轉女成男。另外還有一些例子也可看出此類思想，例如寂天菩薩（梵 Shantideva）在著名的《入菩薩行論》中就寫到：「願所有女子皆成男子！」

我們必須了解古印度社會的背景，才能夠理解為何有這些願望。在古印度時代，女性的社會地位非常卑微，她們必須完全倚賴男性而生活，幾乎沒有任何自由或權力來做決定。女性的一生注定只能做家事忙家務，很少有機會聽聞佛法。在這種情況下，身為男性比身為女性好得太多。寂天菩薩當然不會認為女性較為低劣，而是認為女性的地位不利於修學佛法。不過，在特定環境之下所造成的情形，在這個環境之外則幾乎沒有價值。在現實的環境中，尤其是現代，佛教並不分別男性與女性，而是認為男女均有同樣的修行潛力，並有相同的能力可以證悟。

1 男性與女性：稀有難得的機會

佛教思想中的一個基本觀念，即是人人皆有修行證果的可能性。事實上，若在「因」之中並未潛藏著「果」，則「果」絕不可能出現；這就像是從芝麻子中能榨取油汁，或從牛奶之中能提煉奶油，道理是一樣的，因為這些成份早就存在於原料當中，只是處於潛藏的狀態；假若情況並非如此，即使將芝麻子碾碎，或將牛奶攪拌好幾年，也不可能得到任何東西。

如果人類有可能脫離無明而證得佛果，這是因為人類具有所謂的「自性心」或「覺醒心」，也就是覺悟的潛藏力。實際上，並非只有人類才具有這種覺悟的潛藏力，而是不論動物或其他並未完全受困縛的眾生，都有此潛藏力。由於它是所有眾生皆具有的，因此男女在這點上並無分別。

此「覺醒心」（覺性）可從幾方面來加以定義：

其一，它的本質為空性，意味著覺醒心可以含攝所有眾生。

其二，它具有法性或如來的體性，意指它不只是空性，並具有證悟的能力，有如花的種子蘊藏了花朵的顏色、香氣及花的其他特性一般。因此，所有眾生皆有此潛藏力，其體性並無差別，不會有某些眾生的潛藏力較優，而某些眾生的潛藏力較劣的情形。

最後，覺醒心讓所有眾生都歸類於證悟的種性之中。由於眾生皆具有證悟的潛藏力，且確實能證得佛果，這就如康乃馨的種子確實會開出康乃馨花，而另一種花的種子則無法開出康乃馨花，同理可證。這第三個特性，意味著可從潛藏的狀態結成果實，且修行是有道理的。

然而，只有覺醒心卻不足以覺悟。假如覺醒心能作為常存的「因」（基礎），則它還必須有善緣相助。它需要有「輔助」，也就是特定的存在條件，例如具有人身。

要追求性靈的進展，不僅必須生而為人，還需具備幾項人生條件。不可或缺的十種條件分別如下：

- 五種內在條件（自圓滿）：
- 一者，生為人身。
- 二者，生在佛法傳揚的國度。
- 三者，五根具足，亦即具有溝通的感官可讓人了解佛法。
- 四者，不從事違反佛教戒律的職業（而是從事正業）。
- 五者，對三寶（佛、法、僧）具足信心。
- 五種外在條件（他圓滿）：
- 一者，有佛曾經出世。
- 二者，此佛曾說正法。
- 三者，此法仍然住世。

‧四者，此法有人學習。

‧五者，有佛弟子支持僧團廣傳法教。

據說任何人只要具有覺醒心和上述十種必要條件，並精進修持，必然可以證悟。值得注意的是，佛陀在兩千五百年前便已如此肯定，但如我們所知，當時女性的社會地位遠遠不如男性。以當時的時代背景而言，佛陀沒必要為了不傷害人們的感情而這麼說，然而以修行的觀點來看，佛陀對待男性與女性並無差別。祂並未宣稱證悟是男性的專屬權利，而是「任何人」（不分男女）只要願意精進，都可以證悟成佛。

在修行的領域中，真正的重點是在「修持」。不論男女，只要有修，則終將得到結果；如果不修，不論是男性或女性，即使具足有利的人身，也無法證得佛果。

2 印度佛教史上的傑出女性

在印度和西藏悠久的佛教歷史中，曾經出現許多傑出的修行女性。有些較為著名，其生平有文字記載；其他的則是短暫流傳於世間；更有一些是不為人知。

在佛陀的時代，很可能有許多女弟子證得阿羅漢果[30]。當時有許多出家女眾，「律藏」（Vinaya）[31]中提及瞿曇彌（Sukyegu Dangmo）與五百比丘尼的故事，但是對於這些比丘尼的生活，卻沒有詳細的文獻記載。

我們於此略提幾位在印度佛教的悠遠歷史中，具有重要影響地位的女性成就者，例如帕嫫比丘尼（Gelongma Palmo）、曼達拉娃公主（Mandarava）、尼古瑪（Niguma）、以及蘇卡悉地（Sukhasiddhi）。

（1）帕嫫比丘尼（Gelongma Palmo）

帕嫫比丘尼出生於印度西北部的皇族，她在幼年時即決定放棄公主的尊貴生活而出家[32]。後來，她染上痲瘋病，人生境遇因此急轉直下。她被迫離開寺院且被僕從拋棄，自己一人獨居於遠離人煙的一座小屋中。

帕嫫極度絕望，儘管如此，她有幸在夢中見到因札菩提國王[33]前來告知，她應修觀音本尊法，並可依此證得自心本性。此後，帕嫫便夜以繼日地持誦觀音心咒。

30 「阿羅漢」果位，指古代佛教傳統架構下的解脫。
31 「律藏」，佛陀對於戒律之開示的匯集。
32 譯註：她原是達瑪帕國王的女兒，稱為拉敏卡千，出家後又稱為光華比丘尼。
33 譯註：其兄長，據說即為世親菩薩。

過了一段時間，帕嫫完全沒有任何成果，因此感到沮喪。此時，另一個夢境帶來了新的指示。這一次，文殊菩薩出現在她面前，告訴她：「妳應該前往雷卡辛帕（Lekar Shinpal），繼續修持觀音法，五年之內即可證得與度母無二的果位。」

帕嫫隨即前往夢中所指之地，除了持誦本尊心咒之外，每隔一天禁食一日。由於觀世音菩薩的加持，她的痲瘋病終於痊癒，並回復了青春的樣貌。

帕嫫在二十七歲時證得初地菩薩的果位。此時，度母出現在她面前並授記：「妳將證得成辦三世諸佛事業的能力。」

後來，帕嫫比丘尼親見觀世音菩薩示現完整的莊嚴身相，有著千隻手與十一面，身體充滿了四續部續法的本尊，全身毛孔放射出無量的淨土。

儘管帕嫫比丘尼對本尊感到無比敬畏，卻還是忍不住責怪觀世音菩薩：「雖然我修持您的法門並不斷精進，為何您到現在才現身？」

觀世音菩薩回答說：「從妳持誦我的名號開始，我就一直與妳同在，從來沒有離開過妳。但是妳的心一直為業障所遮蔽，所以才見不到我。」

帕嫫比丘尼於是直接從觀世音菩薩領受新的教法，並繼續修持，最後證得了十地菩薩的果位。

（2）曼達拉娃（Mandarava）

佛教的續法於八世紀由偉大的印度上師蓮花生大士（Padmasambhava）傳入西藏。在他的眾多弟子當中，有兩位女性是他的秘密佛母，且均佔有重要的地位。一位是印度的曼達拉娃佛母，另一位是西藏的依喜措嘉佛母。

「曼達拉娃」是印度薩訶國（Sahor）國王的女兒，她的名字意為「紅花天堂樹」。當她成為蓮師的佛母時，她的父親非常惱怒，並下令要將蓮師活活燒死。然而，蓮師以神通力將大火變成了一座湖，國王因此對蓮師生起信心，並將王國和公主供養給他。

當蓮師離開印度前往西藏時，曼達拉娃佛母留在印度。但是，她以神妙力出現在雪域西藏，並與蓮師對話。

（3）尼古瑪（Niguma）

有些記載表示，尼古瑪是印度大成就者那洛巴尊者的姊妹，而有些記載則說她是那洛巴的秘密佛母。尼古瑪的生平甚少為人所知，一般只知道她證得了無死虹光身，至今仍然活著，且住在印度莎薩林（Sosaling）神秘的檀香林中，只有清淨的眾生才能得見。

十一世紀時的西藏大師瓊波．那爵（Khyungpo Naljor），即曾親眼見過尼古瑪。他在印度學法多年之後，回到藏地而創立了香巴噶舉的傳承。由於瓊波那爵的幾位上師都指示他前去拜見尼古瑪，因此瓊波那爵前往莎薩林森林。他在那裡徘徊了很久，並念誦了許多祈請文，最後終於親見尼古瑪。尼古瑪顯現為黑色空行母，她在虛空中舞蹈，手中持著鼓與顱器。瓊波那爵向她頂禮並供養黃金，請求尼古瑪傳法給他。

尼古瑪將供養拿去，又蔑視地將黃金拋出去。瓊波那爵感到害怕，自忖是否遇到食肉的空行母，而非那位赫赫有名的瑜伽女。尼古瑪變化出一座高山，四條不斷的黃金河流從山峰上流洩而下。她告訴這位訪客：「具足淨觀者，所見皆黃金。不具淨觀者，無處是黃金。我不需要你的黃金。」

於是，她將剛才拋出的黃金又收回來，然後賜給瓊波那爵她的教法與灌頂，並告訴他：

「於幻顯中修幻觀，以虔敬力生幻證。」（在如幻的現象中，藉由如幻的禪修，以虔誠的力量，生起如幻的證悟。）

（4）蘇卡悉地（Sukhasiddhi）

蘇卡悉地和尼古瑪幾乎同屬一個時代，她們的生平故事都記載於古印度大成就者的生平總集中。故事發生於喀什米爾的一個農家，其時當地正發生嚴重的饑荒，而這一戶人家已用光家中的所有存糧，只剩下最後的一碗米。

這家的父子在絕望之餘，決定外出乞討。在離家之前，他們告訴母親要把最後剩下的米留給「大黑月」，「大黑月」是比喻他們空手而回時的悲慘景況。

當父子不在時，有一位苦行僧前來化緣，並說他叫「大黑月」。母親為表示尊重出家人，並認為這是恪守丈夫的囑咐，於是將剩餘的米全都供養了這位僧人。

到了晚上，父子二人歸來，他們乞討了一整天卻毫無所獲，又疲又累，於是要母親將最後的米拿出來煮了吃。母親告知他們，「大黑月」曾經來過，並且她已經遵照指示，將珍貴的食物都供養了他。父子兩人一聽之下勃然大怒，不等她解釋，便將她趕出了家門。

這位母親一路流浪，最後到了喀什米爾西方一個名叫「烏金」的村落，她在那裡落腳，並自製青稞啤酒在村裡的市集開店販賣。附近的森林裡住著大瑜伽士毗魯巴（即畢瓦巴），由於這位上師很喜歡她釀的酒，承侍他的瑜伽女們經常到市集裡，向這位老婆婆買啤酒。有一次，老婆婆好奇地問瑜伽女們，啤酒是要買給誰喝的。

前來買酒的瑜伽女回答：「是給我們的上師，毗魯巴瑜伽士喝的。」

老婆婆雖然從未聽過這個名號，但心中卻生起莫名的感動，從此以後她不願再向瑜伽女們收錢。

沒多久，毗魯巴問到這上等啤酒是從哪裡買來的。

侍者報告說：「是從市場裡一個自釀啤酒的老婆婆那裡買的。她知道這啤酒是你要喝的之後，就不願意收錢了。」

毗魯巴心中了知，由於老婆婆的信心與虔敬心，她已經是成熟的受法根器。於是他說：「叫她到這裡來。」

老婆婆帶了許多青稞酒作為供養，滿心激動地前來拜見毗魯巴，毗魯巴立即賜予她教法與灌頂。據說在一夜之間，老婆婆即證得解脫，並神妙地獲得十六歲少女般的美貌與青春。

此後，人們即尊稱她「蘇卡悉地」，意為「大樂成就」。她並直接從金剛持佛領受法教。蘇卡悉地和尼古瑪留下的教言均流傳至今日，收錄於香巴噶舉的經典中。

3　藏傳佛教史上的傑出女性

西藏的社會架構對於女性在佛教方面的修持，很可能並未賦予她們與男性同等的地位。但是，佛法的大門並未對女性關閉。西藏有許多的尼院，且有許多女性因其修行之證量而聞名。我們就來看看歷史中的一些聞名女性。

（1）藏王松贊．干布的兩位皇后

從佛教最初傳入西藏開始，女性就在其中扮演著重要的角色。藏王松贊．干布（Songtsen Gampo）在位時正值佛法初植於雪域的時期，他的兩位皇后對佛法具有深厚的信心，且其證量為人所景仰，因此經常被認為是度母的化身。

第一位皇后是中國的文成公主（藏 Kunsho），文成公主入藏時的嫁妝包括一尊釋迦牟尼佛的塑像[34]，目前仍供奉於拉薩的大昭寺（Jokhang），藏人簡稱這尊佛像為「久沃」（Jowo），意思是「怙主」。

第二位皇后是尼泊爾的赤尊公主（藏 Tritsun），赤尊公主從尼泊爾帶來一尊不動佛的塑像，目前保存在拉薩的另一座著名寺院——小昭寺（Ramoche）。

兩位皇后在當時建造了許多寺院，對於佛教在西藏的發展，不遺餘力地奉獻心力。

（2）依喜・措嘉（Yeshe Tsogyal）

依喜措嘉被認為是金剛亥母（梵 Vajravarahi，藏 Dorje Palmo）的化身，生存年代為第八至第九世紀。當她出生時，附近的一座小湖忽然之間變大許多。由於此徵兆甚為吉祥，因此雙親將她取名為「措嘉」，意思是湖之女。

由於依喜措嘉貌如天仙，許多人為了爭奪她而武裝備戰。藏王赤松・德贊（Trisong Detsen）為了避免無謂的戰爭，決定將措嘉納為妃子。

其後，藏王為了表示對蓮花生大士（蓮師）的虔敬心，而將依喜措嘉獻給了蓮師，後者是將續法傳入西藏的最大功臣，於是依喜措嘉成為蓮師的主要密行伴侶，且無疑是蓮師的大弟子。在蓮師的指導下，依喜措嘉在西藏康區、不丹以及尼泊爾的山穴中苦修多年，最後證得最高的果位。

依喜措嘉具有異於凡人的記憶力，因此能記住蓮師所說的每一句教言。為了利益後世有情，她將蓮師的教言記錄下來，以伏藏（藏 terma）的形式隱藏起來，以便後世由獲得授記的弟子取出。

據說在蓮師離開西藏之後，依喜措嘉又在西藏雪域住世兩百年，繼續帶領著眾弟子修行。最後，措嘉離開世間時未留肉身，而直接前往蓮師的銅色山淨土與蓮師相會。

在蓮師所有的女弟子中，據說有二十五位證得虹光身，往生時並未留下肉身，而是化為彩虹離開世間。

（3）瑪姬．拉準（Machig Labdrön）

瑪姬拉準生於西元一〇六二年，當時有許多殊勝的吉祥徵兆。她甫出生時，前額上即有第三眼，舌頭上有紅色「舍」（HRI）種子字，且周圍有彩虹、天樂、妙香圍繞。瑪姬拉準一出

34 譯註：據說為世尊十二歲的等身像。

生即可站立，並慰問母親是否因生產而承受極大痛苦。如此，不難理解為何瑪姬拉準不久後即被認為並非凡庸之輩，而是般若波羅密多「大佛母」以及金剛亥母的化身。

瑪姬拉準自幼即展現異於凡人的能力。她可以用他人所不能及的速度，讀誦整部極長的般若波羅密多經（示現萬法究竟自性之圓滿智慧的經典），並能向大學者們解釋那些般若波羅密多經的含意，令這些大學者嘖嘖稱奇。

她不僅具足理解經典的智慧，並且也證得無我的智慧。因為如此，她的人生發生了許多轉變。瑪姬拉準拋棄美麗的服飾，穿著有如乞丐。她喜愛痲瘋病人和窮人的陪伴，不亞於喜愛學者和禪修者。她絲毫不在乎房屋的狀況，也不在乎食物的味道。她一點也不在意他人的讚美或批評，且時刻處於安樂之境。

瑪姬拉準嫁給一位名叫托巴．巴渣（Thopa Badra）的印度上師，並育有幾位子女。她從另一位偉大的印度上師帕當巴．桑傑（Padampa Sangye）處領受許多法教。

瑪姬拉準也以其自創之「斷法」（Chöd，俗稱：施身法）而聞名，此法門與般若波羅密多相關，由瑪姬拉準自創並教導給弟子。一般認為「斷法」是唯一發源自西藏的法門，其餘法門則皆從印度傳入西藏。瑪姬拉準的自創法門，引起印度佛教徒的懷疑，他們聚集在菩提迦耶討論此法，並遣送三位使者至西藏探究瑪姬拉準的修行。瑪姬拉準以充分的證據證明她的過去世及其修行之證量，使印度佛教徒心悅誠服而接受了「施身法」之真實性。

瑪姬拉準活到九十九歲，眾弟子中有四名特別傑出的女弟子，稱為「四寶女」：果擦寶（Gotsa Jewel）、吉祥寶（Palden Jewel）、福德寶（Sonam Jewel）、珍奇寶（Rinchen Jewel）。瑪姬門下共有一百零八位女弟子得到證果。

瑪姬拉準的曾孫東悠桑竹（Donyo Samdrup）也是一位偉大的上師，他的門下有十八位女弟子得到證果；一般稱她們為「十八女兒」。

在密勒日巴（Milarepa）這位西藏偉大瑜伽士的傳記中，我們也看到有許多證悟的女弟子，例如密勒的妹妹琵達（Peta）、年輕的帕達布（Paldar Bum）、薩雷娥（Sale O）、雷瑟布（Lekse Bum），以及惹瓊瑪（Rechungma）。後面這四位被稱為「四姊妹」，皆證得了虹光身。

在寧瑪、薩迦、噶舉以及格魯等所有藏傳佛教的教派中，儘管女性成就者並未各各留名青史，但她們透過修行而展現極高的成就，因而與男性具有同等的地位。她們也都教導佛法、給予灌頂，以及圓滿各種佛法事業。

4　波卡仁波切個人所遇見的傑出女性

現在，我想來談談我個人所見過的三位最殊勝的女性上師。

（1）烏堅．措嫫（Ugyen Tsomo）

第一位是烏堅措嫫，她是第十五世噶瑪巴卡恰多傑（Khakhab Dorje）的佛母。當我在離拉薩不遠的噶瑪巴道場祖普寺學習時，曾經遇見她。當時第十五世噶瑪巴已經圓寂，而我則應該是十三或十四歲，她應當是約六十歲。由於我的上一世與第十五世噶瑪巴很有緣，因此她對我十分關愛，常給我東西吃等等。烏堅措嫫的一生幾乎都在閉關，完全奉獻於佛法的修持。即使是在祖普寺中，她也只有在嚴格的禪修時間之餘才接見他人。有時候，她會賜給寺院裡的出家眾灌頂。我曾經從她那裡領受長壽灌頂。雖然我個人沒有看到，但據說她的舌頭上有自生的「阿」（AH）種子字，這是佛「語」的表徵。

由於大眾對她有極高的敬仰，都稱她為「康卓仁波切」（Khandro Rinpoche），意思是珍貴的空行母。

康卓仁波切圓寂之後，轉世為一位女性祖古，並再次被賜予「康卓仁波切」的聖號[35]。這位轉世在接受完整的教育之後，也在印度以及西方傳法並給予灌頂。

（2）直貢・康卓（Drikung Khandro）

直貢康卓是直貢噶舉教派中一位證量極高的女性上師，她既未出家，也沒有家庭，留著像女居十一樣的長髮。我並非在西藏遇見她，而是在印度的菩提迦耶，當時她應該是六十歲左右。我到菩提迦耶是要去接受庫努喇嘛（Kunu Lama）的教法，而那時她也在菩提迦耶，因此我才有緣看到她。在所有的直貢上師中，她是最受敬重的一位，並且也為弟子傳授法教和灌頂。

（3）依桑尼師（Ani Yesang）

依桑尼師是來自西藏西部波卡地區的尼師（藏 Ani），我在來到印度之前的年少時期，也是住在這個地區。依桑尼師因她極高的證量而聞名，人們對她的「依桑」這個簡稱，是來自她的本名依喜・桑嫫（Yeshe Sangmo）。依桑尼師的上師為德迦・倉巴（Degyal Tsampa）上師，他與第一世敦珠仁波切（Dujom Rinpoche）為同門師兄。依桑尼師是這位上師門下成就最高的弟子。她離開了出生時的家鄉，而住在靠近岡底斯山的洞穴中。

35　譯註：即是二〇〇八年春圓寂的睡覺法王敏林赤欽仁波切之女。

我十一歲時曾前往岡底斯山朝聖，當時我的親教師以及他的侍者伴隨著我，而這位侍者是閉關中的依桑尼師的親戚。侍者請我們繞路去拜訪尼師，因此我們前往她的山洞。當時依桑尼師已屆高齡，在山中獨居，身旁沒有侍者。她的山洞中分成兩個小房間，而她所在的房間正對著佛龕，只靠一個小洞將外頭的光線引入室內。我們向她獻上供養，而她則請我們喝茶。我不記得她說了些什麼，只記得對她印象非常深刻。

我想依桑尼師應該活到了八十歲。她是一位證量極高的聖者。

問：雖然西藏的男性和女性有相同的機會接觸並修持佛法，但出家的男眾卻較女眾多。

仁波切答：出家的女眾較男眾少是真的，我不清楚為何會如此。也許從機構的觀點來看，僧眾過去擁有較大的權力，因此為他們自己建造了許多大僧院。

問：在出家的傳統中，有沙彌戒（藏 getsul，梵 shramanera）和比丘戒（藏 gelong，梵 bhikshu）這兩種戒律。男眾的這兩種出家戒皆已傳入西藏，但女眾則只有傳入沙彌尼戒（藏 getsulma），而沒有比丘尼戒（藏 gelongma）。為何有此差異？

仁波切答：由於某些我個人並不清楚的歷史因素，西藏從未建立過比丘尼的傳統。現今的香港及台灣有比丘尼戒，也有西藏尼師前往那裡受戒。達賴喇嘛一直在研究，應如何將比丘尼傳統納入西藏的修院制度中。

問：根據律藏的經典，比丘必須持守兩百三十五條戒律，而比丘尼則必須持守三百四十條戒律。[36]這是否暗示在男女之間有著歧視？

仁波切答：從一方面來說，一個人所持守的戒律多寡，必須視該人的根器優劣而定。例如，初階的沙彌戒僅有三十六條，而比丘的具足戒則有兩百三十五條。也許女性持守更多戒律的能力較男性高，也有可能在佛陀的時代，人們認為女性需要持守較男性更為嚴格的道德規範。

問：在西藏，女性真的和男性一樣，有同樣的機會可以在閉關中心學習和修持佛法嗎？

仁波切答：由於出家的女眾人數不及男眾，所以閉關學習或修持的尼眾也較僧眾少，但這並不表示尼眾閉關學習或修持的機會比較少。

西藏有許多尼眾的小關房散落在各地，最有名的關房是在西藏東部囊千縣康區的喀恰寺（Kebcha），那兒有大約一百名尼師。該寺院的閉關中心可讓尼師進行三年三個月的閉關，其中包括那洛六法的修持，特別是能產生極高體熱的「拙火」修持。

該閉關中心的傳統大日，是在每年藏曆一月（西曆二月至三月之間）的月圓，也就是一年當中最冷的時節，閉關中的尼師會從關房循序而出，展示其修持拙火的成果。在關房的四個角落放置著大桶的水，並各放有一顆石頭，可隨時擊碎水面迅速結成的冰層。在當地所有

36 譯註：若依《四分律》，比丘必須持守兩百五十條戒律，比丘尼則必須持守三百四十八條戒律。這位西方的提問者可能有不同的理解。

人的觀禮之下，閉關的尼師們身著簡單的棉布衣，雙手叉腰，在天亮前即走出關房。由於受到人們極大的敬仰，尼師們一路經過時，民眾便紛紛禮拜並口誦祈願文。尼師們到達東方角落之後，就將浸泡在冰凍水裡的棉布披巾披上肩膀，並繼續緩步朝著南方角落走去。由於她們身上的熱度很高，披巾開始冒出蒸氣，不久就乾了。如果披巾在到達南方角落時已經變乾，尼師們就再拿另一條濕披巾披上，以此類推。

最高階的拙火修行者，可以連續將四條冰冷的濕披巾用體熱烤乾，較次之的修行者可以烤乾三條披巾，或兩條，或一條。有些尼師則無法烤乾任何披巾。這個儀式在當地是非常有名的。

問：印度是否有重建的尼師閉關中心？

仁波切答：在噶舉傳承中，大司徒仁波切（泰錫度仁波切）的色拉寺（Sherab Ling，或稱智慧林）有一個附屬的尼師閉關中心。也許別的教派還有更多。

問：對於在家女眾而言，過去在寺院以外的一般修行方式為何？

仁波切答：一般會修誦皈依文、度母禮讚文、一般女眾最喜愛的往生淨土祈願文，還有其他咒語，例如觀世音菩薩的心咒和蓮花生大士的心咒，以及其他的祈願文。她們大多是在做其他工作或看守牛羊等牲畜時，會幾乎不斷地持誦咒語以及祈願文。

問：以前當基督教在歐洲仍然非常盛行時，女性通常較男性更為虔誠。往昔在西藏也有這種差別嗎？

仁波切答：這在過去是真的，現在也還是如此。一般而言，女性較男性更有信心，同時她們也較男性精進。

問：關於修持佛法，您覺得目前女性在印度和西藏的情況，和過去在西藏比起來，是否有大的改變？

仁波切答：改變是絕對有的。以前在西藏，在家女眾對於佛法並不是非常了解，但就像我先前提到的，她們非常虔誠，且幾乎是不間斷地持誦咒語。

現在年輕的一輩，不論男女，都在研讀和發展他們的知識與文化，有時也能好好地談論佛法，不過僅限於文字表面，有時則落於表淺。除了極少的例外之外，過去深切的信心已經失去了。真正的修行無法吸引年輕人，只有老一輩的人還在延續往昔西藏的傳統。

問：在印度的學校裡，年輕人是否會接受一些佛法的教育？

仁波切答：達賴喇嘛尊者的願望，是所有西藏學校裡的孩童，不論男女，在就學期間都接受佛法教育。為達此目標，每一所學校中都設有一名佛教老師。在印度的瓦拉納西也建立了一所佛教大學，不論出家在家、男女性別，任何人都可以申請入學，且大學中傳授佛教的各乘教法，以及梵語和英語。但是，只有極少數的西藏青年顯示對佛法的深厚興趣。

問：西方對佛法有興趣的女性較男性多。您認為有任何特殊的原因嗎？

仁波切答：毫無疑問地，原因就如我們先前所提的一樣。女性較容易且能自然生起虔誠心。她們對於修行的想法較男性開放。

附錄

《聖救度佛母二十一種禮讚經》

翰林學士承旨中奉大夫安藏奉詔譯

嗡，敬禮尊聖救度母。
敬禮多哩速疾勇，咄多哩者除怖畏，
咄哩能授諸勝義，具莎訶字我讚禮。
敬禮救度速勇母，目如刹那電光照，
三世界尊蓮華面，從妙華中現端嚴。
敬禮百秋朗月母，普遍圓滿無垢面，
如千星宿俱時聚，殊勝威光超於彼。
敬禮紫磨金色母，妙蓮華手勝莊嚴，
施精勤行柔善靜，忍辱禪定性無境。

敬禮如來頂髻母，最勝能滿無邊行，
得到彼岸盡無餘，勝勢佛子極所愛。

敬禮怛囉吽字母，聲愛方所滿虛空，
運足遍履七世界，悉能鉤召攝無餘。

敬禮釋梵火天母，風神自在眾俱集，
部多起屍尋香等，諸藥叉眾作稱歎。

敬禮特囉胝發母，於他加行極摧壞，
展左踡右作足踏，頂髻熾盛極明耀。

敬禮都哩大緊母，勇猛能摧怨魔類，
於蓮華面作顰眉，摧壞一切冤家眾。

敬禮三寶嚴印母，手指當心威嚴相，
嚴飾方輪盡無餘，自身熾盛光聚種。

敬禮威德歡悅母，寶冠珠鬘眾光飾，
最極喜笑睹怛哩，鎮世間魔作攝伏。

敬禮守護眾地母，亦能鉤召諸神眾，
搖顰眉面吽聲字，一切衰敗令度脫。

敬禮頂冠月相母，冠中現勝妙嚴光，
阿彌陀佛髻中現，常放眾妙寶光明。

敬禮如盡劫火母，安住熾盛頂髻中，
普遍喜悅半趺坐，能摧滅壞惡冤輪。

敬禮手按大地母，以足踐蹋作鎮壓，
現顰眉面作吽聲，能破七險鎮降伏。

敬禮安隱柔善母，涅槃寂滅最樂境，
莎訶命種以相應，善能消滅大災禍。

敬禮普遍極喜母，諸怨支體令脫離，
十字咒句妙嚴布，明咒吽聲常朗耀。

敬禮都哩巴帝母，足躡相勢吽字種，
彌嚕曼陀結辣薩，於此三處能搖動。

敬禮薩囉天海母，手中執住神獸像，
誦二怛囉作發聲，能滅諸毒盡無餘。

敬禮諸天集會母，天緊那羅所依愛，
威德歡悅若堅鎧，滅除鬥諍及惡夢。

敬禮日月廣圓母，目睹猶勝普光照，
誦二喝囉咄怛哩，善除惡毒瘟熱病。

敬禮具三真實母，善靜威力皆具足，
藥叉執魅尾怛辣，都哩最極除災禍。

若有智者勤精進，至心誦此二十一，
救度尊處誠信禮，是故讚嘆根本呪。

每晨旦起夕時禮，憶念施諸勝無畏，
一切罪業盡消除，悉能超越諸惡趣；
此等速能得聰慧，七俱胝佛所灌頂，
現世富貴壽延安，當來趣向諸佛位；
有時誤服諸毒物，或自然生或合成，
憶念聖尊真實力，諸惡毒藥盡消滅；
或見他人遭鬼魅，或發熱病受諸苦，
若轉此讚二三七，彼諸苦惱悉蠲除；
欲乞男女得男女，求財寶位獲富饒，
善能圓滿隨意願，一切障礙不能侵。

（出處：大正新脩大藏經第二十冊 No. 1108A）

《波卡仁波切談度母》

作者：波卡仁波切（Bokar Rinpoche）
法文編者：卻吉・森給喇嘛（Lama Chöky Sèngué）
中文譯者：黃靜慧 楊書婷
審訂：自生遍在佛學中心
顧問：周本驥
總策劃：釋了意
主編：郭玉文
助理編輯：陳安妮 曾芊耘
封面設計：王鳳梅
內文排版：七嘉工作室
發行人：周美琴
出版發行：財團法人靈鷲山般若文教基金會附設出版社
地址：23444新北市永和區保生路2號21樓
電話：02-2232 1008
傳真：02-2232 1010
網址：www.093books.com.tw
讀者信箱：books@ljm.org.tw
法律顧問：永然聯合法律事務所
印刷：東豪印刷事業有限公司
劃撥帳戶：財團法人靈鷲山般若文教基金會附設出版社
劃撥帳號：18887793
印刷版次：二〇二三年八月二版一刷
定價：三百八十元
ISBN：978-626-96103-5-8

國家圖書館出版品預行編目資料
波卡仁波切談度母 /
波卡仁波切 (Bokar Rinpoche) 作；黃靜慧，
楊書婷中文譯．-- 二版．-- 新北市：財團法人
靈鷲山般若文教基金會附設出版社，2023.08
面；　公分．--（富貴心靈；9）
譯自：***Tara : l'éveil au féminin***
ISBN 978-626-96103-5-8（平裝）
1. 藏傳佛教 2. 佛教修持
226.965　　　112013192

靈鷲山般若書坊